Actions Speak Louder Than Words

SOFIE VAN BRUNSCHOT

1 3

CURJEL

Kruisplein FRANCINE HOUBEN

VISSER

AALBERS

MANS, CATERINA VIGUERA

HILDE DAEM

VOGEL

HOUBEN Mecanoo

5 3

Museumpark PETRA BLAISSE

FOKKE MOERL

Auditorium Nieuwe Instituut PETRA BLAISSE

11 Stadsvernieuwing **SABINE**

12 VOC Zeemagazijn

13 CPO Hooidrift **LIKE BIJLSMA,**

14 Essenburgpark **CATHERINE**

DE

15 RVS-flat **WIL**

16 Vroesenpaviljoen **ARZU**

17

18 Montessorischool **JAN**

19 De Hoekstee **SIMONE**

20.1 Tollensstraat **MARTINE DUYVIS,**

21 De Provenier **CANDICE DE**

NATHALIE DE

Gebouwen door Vrouwen

ROTTERDAM

Buildings by Women

SOFIE VAN BRUNSCHOT
CATJA EDENS
LAURENCE OSTYN
ERICA SMEETS-KLOKGIETERS

nai
0
10
publishers

Geen voorwoord maar daden

1 Woondok LUZIA HARTSUYKER-

2

3 Gouverneblok CATHERINE

4 De Gouverneur NINA

5 Café Marseille ALEXANDRA SONNE-

6 Museum Boijmans Van Beuningen

7 Westersingelbrug ANOUK

FRANCINE

8

9 Depot

10.1 Auditorium Kunsthal , 10.2

DE KLEIJN

INEKE HULSHOF

EIREEN SCHREURS

VISSER

VROUWEN VAN OMA 8 7

JANSEN

AYIKGEZMEZ

Binnensingel LAURA WEEBER

KAMMER-KRET

DROST

20.2 We love the '80s MARIA VASILOGLOU

ROOIJ

VRIES MVRDV 1 2 1

22 Luchtpark Hofbogen ELMA

23 Lijnbaan 35-43

24 Stadswinkel Stadhuis EVELYNE

25 Muziekwerf FRANCA HOUG,

26 Delftsevaart AYLA

27 Touwslagerstraat

28 Markthal RENSKE

JAN KAMMER-

29 Portalen

30.1 The Muse, 30.2 CasaNova

31 Ibisbrug MARJA

32 Clubhouse Boompjes DO JANNE

33 Willemstoren CHANTAL

VAN BOXEL
MARJOLEIN VAN EIG
MERKX
JANNEKE VAN DER VELDEN
ROWAN STOMP
KOOS POT-KEEGSTRA
VAN DER STOEP
KRET Kammer-Kret 155
NEL KLAASSEN
CARO VAN DE VENNE
HARING
VERMEULEN
SCHOENMAKERS

34 Kop van Zuid RIEK

35 De Rotterdam ELLEN

LOTTE STAM-

36 Montevideo FRANCINE

37 The View of Rotterdam JOKE

38 Pakhuis Santos KARIN RENNER,

39 Hogeschool Inholland MONICA ADAMS,

40 Hefkwartier HELEN

41 Stadstuinen IRMA

42 De Kuil RENSKE

MARJA

43 Maashaven de Zuidpunt JULIETTE

44 Gymzaal Tarwesterk

BAKKER
VAN LOON
BEESE Dienst Stadsontwikkeling 189
HOUBEN
VOS
KARIN WOLF
MAARTJE LAMMERS
ZHANG
VAN OORT
VAN DER STOEP
HARING Gemeentewerken Rotterdam 223
BEKKERING
TESKE VAN ROYEN

45 Pendrecht LOTTE

46 Valckensteyn DAPHNE

47 De Zonnetrap LUZIA

48 A.J. Schreuderschool MECHTHILD

49 De Esch ELIZABETH

50 Ruiterbrug NINKE

Het hele verhaal... Vrouwen in de architectuur

Bibliografie

Biografieën

Colofon

STAM-BEESE
DELISSEN
HARTSUYKER-CURJEL
STUHLMACHER
POOT
HAPPEL

The Whole Story... Women In Architecture CATJA EDENS 263

Bibliography 275

Biographies 279

Credits 285

Geen voorwoord maar daden

Welkom in Rotterdam: de mooiste stad van de wereld en dé architectuurstad van Nederland. Maar wie bepaalt eigenlijk hoe die stad eruitziet? Als je door de straten loopt, zijn bijna alle gebouwen die je onderweg tegenkomt, ontworpen door mannen. Wie architect zegt, denkt in eerste instantie aan een man. Maar ook vrouwen hebben een grote bijdrage geleverd aan het bouwen van de stad. Met deze gids in de hand kun je op pad om de geweldige architectuur van vrouwelijke ontwerpers te ontdekken.

Al in 1917 studeerde in Nederland de eerste vrouwelijke architect af aan de Technische Hogeschool in Delft: GERARDA 'GRADA' WILHELMINA ELISABETH WOLFFENSPERGER. Maar nu, meer dan honderd jaar later zijn vrouwen nog steeds in de minderheid bij architectenbureaus. Waarom?

Toen ik in 2014 bouwkunde studeerde aan de TU Delft liep ik vaak door een lange, hoge gang

SOFIE VAN BRUNSCHOT

waar een eindeloze rij portretten van bekende architecten hing. Kennelijk de Grote Spelers waarvan de faculteit vond dat iedere student ze moest kennen. Het waren nagenoeg allemaal zwart-wit foto's van oude, witte mannen. Die hingen dan ook nog eens hoog boven de deurposten, zodat je letterlijk tegen deze architecten op moest kijken. Laatst heb ik ze geteld: tussen de 89 ontwerpers die daar hangen, zijn slechts 10 vrouwen te vinden.

Wat een ellende. Aan de Nederlandse universiteiten is inmiddels meer dan de helft[1] van de architectuurstudenten vrouw. Maar studenten krijgen zelden les van vrouwelijke hoogleraren, omdat die er simpelweg veel minder zijn. Als je kijkt hoeveel afgestudeerde vrouwen daarna daadwerkelijk in de praktijk aan de slag gaan, kom je erachter dat slechts 24%[2] van de geregistreerde architecten vrouw is. Hoe hoger je in de hiërarchie van architectenbureaus kijkt, hoe kleiner dat aandeel wordt. Slechts 16%[3] van de partners en directieleden is vrouw. Een ander patroon dat opvalt, is dat hoe ouder de vrouwen worden, hoe minder werkzaam blijven in de sector.

Als er meer mannelijke architecten zijn, is het misschien niet verrassend dat er minder gebouwen

1 TU Delft & TU Eindhoven, 2024
2 CBS / Architectenregister, 2021
3 BNA, de branche vereniging voor Nederlandse architectenbureaus, 2022

door vrouwen zijn ontworpen. Maar de bijdragen van vrouwen zijn vaak óók nog eens uit de geschiedenis van de architectuur weggelaten en het werk dat ze maken blijft tot op heden ondergewaardeerd, onbezongen en onderbelicht.

Een bekend voorbeeld is de Amerikaanse DENISE SCOTT-BROWN, die samen met haar man Robert Venturi een bureau runde. Ze ontwierpen samen en vulden elkaar in alles aan. Robert won in 1991 de Pritzker Prize (een van de meest prestigieuze prijzen voor architecten), DENISE werd genegeerd. Ook voor belangrijke diners werd ze niet uitgenodigd, en kreeg ze ooit de mededeling: 'we're not inviting wives'.

Dichter bij huis is de situatie niet veel beter. Sinds 1806 hebben we in Nederland een Rijksbouwmeester, oorspronkelijk de 'Architect des Konings'. In meer dan tweehonderd jaar heeft slechts één vrouw deze functie bekleed: LIESBETH VAN DER POL.

Onze hele gebouwde omgeving — en daarmee onze leefomgeving — wordt vormgegeven door ontwerpers. Zouden diegenen die hier verantwoordelijk voor zijn niet een betere afspiegeling moeten zijn van de samenleving waarvoor ze ontwerpen?

In 1990, een jaar voor mijn geboorte, kwam in Nederland het boek 'Architectes' uit van MARGA KUPERUS en HARKOLIEN MEINSMA. Het bevat een overzicht van het werk van 43 vrouwelijke architecten. In de introductie schrijven ze: 'Met dit boek is de eerste documentatie over het werk van vrouwelijke architecten voltooid. Het is te hopen dat het niet bij één boek zal blijven. De Stichting Vrouwen Bouwen & Wonen heeft zich voorgenomen een documentatiesysteem op te zetten waarin alle werkzame architectes een plaats krijgen.' Dat overzicht is er nooit gekomen en er zijn sindsdien ook geen boeken met een dergelijke verzameling van het werk van specifiek vrouwelijke architecten meer verschenen.

Wie dus een gebouw wil bekijken van een vrouwelijke architect moet eerst zelf in de archieven duiken of op het internet gaan speuren om uit te vogelen waar ze in vredesnaam te vinden zijn.

Ik ben echt klaar met dit gekloot. Ik wil op excursie naar inspirerende projecten van vrouwelijke architecten, naar baanbrekende stedenbouwkundige plannen van vrouwelijke stedenbouwkundigen, naar vooruitstrevende tuinen en openbare ruimtes van vrouwelijke landschapsarchitecten. Van JANE FONDA leerde ik: 'the cure for despair is action' ('het reddingsmiddel voor wanhoop is actie'). Daarom richtte ik het platform Gebouwen door Vrouwen op met als doel een database aan te leggen met alle gebouwen door vrouwen in Nederland. Gebouwen door Vrouwen rijmt zo lekker, maar naast vrouwen en eenieder die zich als vrouw identificeert, is er in de toekomst op dit platform ook ruimte voor andere ondervertegenwoordigde stemmen in de architectuursector. Het wordt inmiddels wel eens tijd dat hun werk en bijdragen net zo gewaardeerd worden als die van mannen.

Het in kaart brengen van het werk van vrouwelijke architecten bleek wel een stuk lastiger dan ik dacht. Ik baande me een weg door veel verouderde websites van bekende en onbekende architecten, vaak voorzien van slechte foto's en beperkte informatie. Tijdens mijn speurwerk krijg ik het idee dat vrouwen gewoon lekker doorwerken en het promoten van hun eigen werk en successen daarbij ondergeschikt blijft. Zo sprak ik voor de samenstelling van dit boek een vrouwelijke architect die mij vroeg welke projecten zij dan in Rotterdam had ontworpen. Ze was het zelf vergeten. Het kost veel moeite om al die vrouwen in de schijnwerpers te zetten, want veel van hen doen het niet uit zichzelf.

Op de omslag van dit boek prijkt daarom een wereldberoemd beeld van Rotterdam: de skyline van de Kop van Zuid. Wat niet veel mensen weten is dat we dit deel van de stad te danken hebben aan de baanbrekende visie van stedenbouwkundige RIEK BAKKER. En dat ook De Rotterdam mede werd ontworpen door een vrouw, namelijk architect ELLEN VAN LOON.

In een interview met MEREL PIT voor het tijdschrift 'Mevr. de Architect' zei Nathalie de Vries, partner bij architectenbureau MVRDV: 'Rolmodellen helpen de volgende generatie te doen waar ze goed in zijn. Wij vrouwen moeten ons tonen en laten horen.' En dat is precies waarom ik vrouwen en hun werk meer zichtbaarheid wil geven. Deze gids is daarvoor een eerste stap, maar zeker niet de laatste. Dus ga mee op pad en vier het werk van vrouwelijke architecten!

Liefs,
SOFIE VAN BRUNSCHOT
(vrouw en architect uit Rotterdam)

Actions Speak Louder Than Words

Welcome to Rotterdam: the most beautiful city in the world and the architectural capital of the Netherlands. But who actually decides what the city looks like? As you walk through the streets, nearly all the buildings you encounter have been designed by men. When you think of an architect, you initially think of a man. But women have also made significant contributions to the building of the city. With this guide in hand, you can set out to discover the amazing architecture of female designers.

1 TU Delft & TU Eindhoven, 2024
2 CBS/Architectenregister, 2021
3 BNA, the national trade organization for Dutch architecture firms, 2022

As early as 1917, the first female architect in the Netherlands graduated from the Technische Hogeschool (now University of Technology) in Delft: GERARDA 'GRADA' WILHELMINA ELISABETH WOLFFENSPERGER. But even now, more than a hundred years later, women are still in the minority at architecture firms. Why?

When I studied architecture at TU Delft in 2014, I often walked through a long, tall corridor adorned with an endless row of portraits of famous architects. Apparently, these were the Great Players that the faculty thought every student should know. They were almost all black-and-white photos of old, white men. And they were hung high above the door frames, so you literally had to look up to these architects. I recently counted them: out of the 89 designers featured, only 10 were women.

What a shame. More than half of the architecture students at Dutch universities are now women.[1] However, students rarely receive lessons from female professors because there are simply far fewer of them. When you look at how many of these female graduates actually go on to work in the field, you find that only 24 per cent of registered architects are women.[2] The higher you look in the hierarchy of architectural firms, the smaller that percentage becomes. Only 16 per cent of partners and board members are women.[3] Another noticeable pattern is that the older women get, the fewer remain active in the sector.

Given that there are more male architects, it might not be surprising that fewer buildings are designed by women. But women's contributions are often overlooked in the history of architecture, and their work remains undervalued, unsung, and under-recognized to this day.

A well-known example is the American DENISE SCOTT-BROWN, who ran a firm with her husband Robert Venturi. They designed together and complemented each other in everything. Robert won the Pritzker Prize in 1991 (one of the most prestigious awards for architects), while DENISE was ignored. She was also not invited to important dinners, and once received the message: 'We're not inviting wives'.

Closer to home, the situation is not much better. Since 1806, the Netherlands has had a Chief Government Architect, originally the 'Architect of the King'. In more than two hundred years, only one woman has held this position: LIESBETH VAN DER POL.

Our entire built environment – and thus our living environment – is shaped by designers. Shouldn't those responsible for this be a better reflection of the society they design for?

In 1990, a year before I was born, the book 'Architectes' was published in the Netherlands by MARGA KUPERUS and HARKOLIEN MEINSMA. It contains an overview of the work of 43 female architects. In the introduction, they write: 'With this book, the first documentation of the work of female architects is complete. It is to be hoped that it will not remain the only book. The Foundation for Women in Building & Housing intends to set up a documentation system in which all practicing female architects will be included.' That overview never materialized, and since then, no other books have been published with a similar collection of work specifically by female architects.

So, anyone wishing to see a building designed by a female architect must first delve into the archives or search the internet to find out where on earth they can be found.

I think this is nuts! I want to go on an excursion to inspiring projects by female architects, to groundbreaking urban plans by female urban planners, to innovative gardens and public spaces by female landscape architects. From JANE FONDA, I learned that 'the cure for despair is action'. That's why I founded the platform Buildings by Women with the goal of creating a database of all buildings designed by women in the Netherlands. Buildings by Women has a nice ring to it, but besides women and anyone who identifies as a woman, there will also be space within this platform for other underrepresented voices in the architecture sector in the future. It's high time their work and contributions are valued just as much as those of men.

Mapping the work of female architects turned out to be much more challenging than I thought. I navigated through many outdated websites of both well-known and lesser-known architects, often featuring poor photos and limited information. During my research, I got the impression that women simply keep working hard, and promoting their own work and successes takes a back seat. For example, while compiling this book, I spoke to a female architect who asked me which projects she had designed in Rotterdam. She had forgotten herself. It takes a lot of effort to put all these women in the spotlight, because many of them don't do it on their own.

That's why the cover of this book features a world-famous image of Rotterdam: the skyline of the Kop van Zuid. But what many people don't know is that we owe this part of the city to the groundbreaking vision of urban planner RIEK BAKKER. And that De Rotterdam was also co-designed by a woman, namely architect ELLEN VAN LOON.

In an interview with MEREL PIT for the magazine 'Mevr. de Architect', NATHALIE DE VRIES, partner at architectural firm MVRDV, said: 'Role models help the next generation to do what they are good at. We women need to show ourselves and make ourselves heard.' And that is exactly why I want to give women and their work more visibility. This guide is a first step, but certainly not the last.

So join me on this journey and celebrate the work of female architects!

Love,
SOFIE VAN BRUNSCHOT
(woman and architect in Rotterdam)

Woondok 1

LUZIA HARTSUYKER-CURJEL

Met de realisatie van het Woondok werd een nieuwe stap gezet in de wederopbouw van het Schouwburgplein dat met De Doelen (Kraaijvanger en Fledderus, 1966), de Schouwburg (Quist, 1988), Pathé Bioscoop (Van Velzen, 1996) en de pleininrichting van West 8 uit 1997 leest als een Rotterdamse

1986
+ Enrico Hartsuyker
Hartsuyker
Architecten B.V.

Mauritsplaats
22-146

architectuurstaalkaart. Het Woondok, een opvallende verschijning in wit beton met rood hout, zorgde voor een nieuwe westelijke begrenzing van het plein om het de sfeer van een ‘openbare huiskamer’ te geven. Europese voorbeelden zoals het San Marcoplein in Venetië en Place des Vosges in Parijs boden inspiratie voor een opzet met een arcade voor winkels en horeca op de begane grond, kantoren op de eerste verdieping en daarboven woningen, in dit geval maisonnettes.

HARTSUYKER-CURJEL besteedde altijd veel aandacht aan woonplattegronden waarin zij kansen zag om rolbevestigende opvattingen over gezin en gezinsleven te doorbreken. Hier kreeg elk appartement drie gelijkwaardige leefruimtes om naar wens in te richten en te bewonen. De woningen zijn gelegen aan twee binnenstraten ontsloten via de halve verdieping met daarboven een hele verdieping met ramen aan beide zijden.

▪ ▪ ▪

With the realization of the Woondok, a new step was taken in the reconstruction of the Schouwburgplein, which — with De Doelen (Kraaijvanger and Fledderus, 1966), the Schouwburg (Quist, 1988), the Pathé Cinema (Van Velzen, 1996), and the square's design by West 8 from 1997 — reads like a showcase of Rotterdam architecture.

The Woondok, a striking structure in white concrete with red timber, formed a new western boundary to the square, lending it the atmosphere of a 'public living room'. European examples such as the Piazza San Marco in Venice and the Place des Vosges in Paris provided inspiration for a layout with an arcade for shops and hospitality venues on the ground floor, offices on the first floor, and residences — in this case maisonettes — above.

HARTSUYKER-CURJEL always paid particular attention to residential floor plans, seeing in them an opportunity to challenge traditional notions of the family and family life. Here, each flat was given three equally sized living spaces to be arranged and inhabited as the residents saw fit. The homes are situated along two internal streets, accessed via a half-level, with a full level above featuring windows on both sides.

Kruisplein 2

FRANCINE HOUBEN

Dit sociale woningbouwproject is het resultaat van een in 1981 uitgeschreven prijsvraag die werd gewonnen door drie studenten: Francine Houben, Henk Döll en Roelf Steenhuis, tevens de medeoprichters van Mecanoo. Het complex, gesitueerd op de hoek van het Kruisplein en de Diergaardesingel,

1985
Mecanoo

Kruisplein 153

op de zogenoemde brandgrens uit 1940, weet met een lager en hoger bouwvolume een brug te slaan tussen de negentiende-eeuwse laagbouw van het Oude Westen en de hoge nieuwbouw van het centrum.

De in totaal 54 woningen zijn ontworpen als jongerenhuisvestingsproject en bieden multifunctionele oplossingen voor mensen die niet in een traditioneel gezinsverband leven. Het hoge gebouw bevat maisonnettes van twee of drie verdiepingen. Deze worden ontsloten door galerijen op elke derde verdieping. Aan de kopse kanten zijn appartementen ondergebracht. Het dakterras is bedoeld voor de bewoners van beide bouwvolumes. Het bouwblok is opgetild zodat voetgangers eronderdoor kunnen lopen. Op de begane grond van het lagere, licht gebogen gebouw bevinden zich commerciële ruimten, met daarboven vier bouwlagen van appartementen die flexibel zijn in indeling en gebruik.

This social housing project is the outcome of a 1981 design competition, won by three students: Francine Houben, Henk Döll and Roelf Steenhuis, who would go on to co-found Mecanoo. Situated on the corner of Kruisplein and Diergaardesingel, along Rotterdam's 1940 bombing boundary, the complex bridges the gap between the nineteenth-century low-rise buildings of the Oude Westen and the high-rise new developments of the city centre through its combination of lower and taller volumes.

The 54 homes in total were conceived as housing for young people, offering multifunctional living solutions for those not living in traditional family structures. The taller block features two- and three-storey maisonettes, accessed via galleries located on every third floor. Apartments are positioned at the ends of the building. A shared rooftop terrace is available to residents of both sections. The building is raised on columns, allowing pedestrians to pass underneath. On the ground floor of the lower, gently curved volume are commercial spaces, topped by four residential floors with flexible layouts and usage possibilities.

Gouverneblok 3

CATHERINE VISSER

In het Oude Westen heeft DaF-architecten met een gevel-renovatie de levendige uitstraling van 160 sociale huurwoningen hersteld. Deze woonblokken, ontworpen door Ben Hoek in de jaren zeventig, waren het toonbeeld van innovatieve stadsvernieuwing waarin de straat als ontmoetingsplek centraal stond.

2022
DaF-architecten

Gouvernestraat
11-47, 10-42,
82-113 /
Diergaardesingel
74-86

De vooruitgeschoven trappenhuizen en open galerijen creëerden een levendige, bijna theatrale sfeer.

Door eerdere renovaties waren veel originele details verloren gegaan. De expressieve houten kozijnen waren vervangen door kunststof exemplaren, en de krachtige kleuren vervaagden tot grauw grijs en blauw. DaF-architecten realiseerde de renovatie met aandacht voor de oorspronkelijke architectonische en stedenbouwkundige kwaliteiten.

Aan het ontwerp ging een uitgebreid historisch en kleurenonderzoek vooraf. Het originele kleurenpalet werd hersteld: rode accenten op de begane grond en groen erboven,

gecombineerd met gele baksteen. Met de afsluiting van de trappenhuizen, de vervanging van de puien en het expressieve kleurenpalet brengt DaF-architecten de optimistische levendigheid terug van dit stukje experimentele stadsvernieuwing.

▪ ▪ ▪

In the Oude Westen district, DaF-architecten has restored the vibrant appearance of 160 social housing units through a facade renovation. These housing blocks, designed by Ben Hoek in the 1970s, were a model of innovative urban renewal in which the street was seen as a key meeting place. The prominent stairwells and open galleries created a lively, almost theatrical atmosphere.

Many original details had been lost through previous renovations. The expressive timber window frames had been replaced with plastic versions and the bold colours had faded to dull grey and blue. DaF-architecten carried out the renovation with close attention to the original architectural and urban design qualities.

The design was preceded by extensive historical and colour research. The original colour palette was reinstated: red accents on the ground floor and green above, combined with yellow brickwork. By enclosing the stairwells, replacing the shopfronts and reintroducing the expressive palette, DaF-architecten has brought back the optimistic vibrancy of this piece of experimental urban renewal.

De Gouverneur 4

NINA AALBERS

De Gouverneur verrees tussen de bestaande bebouwing van het Oude Westen, in een omgeving die zich kenmerkt door een rijke variatie aan woningbouw uit de periode 1850 tot 2016. Baksteen domineert hier het straatbeeld, vaak met bedrijfs-ruimten op de begane grond en woningen op de verdiepingen.

2016
+ Ferry in 't Veld Architectuur
MAKEN

Gouvernestraat 93

De Gouverneur vult een gat in de straatwand en verbetert tegelijk de sociale controle in de naastgelegen doorgang. Met duurzaamheid als leidraad biedt dit nieuwbouwhuis een 21e-eeuwse variatie op de omringende bebouwing.

Door de keuze voor dunne vloeren, minder scheidingswanden en minder afwerking is het materiaalgebruik geminimaliseerd. Ook werd gekozen voor een circulaire baksteen, vervaardigd uit bouwafval zoals steen, glas en keramiek; een nieuw materiaal dat hier voor het eerst als gevelmateriaal is toegepast. Het reflecterende oppervlak van de steen, toegepast in een dubbel kettingverband met decoratieve

beëindiging is samen met de plaatsing en dimensionering van de vensters bepalend voor de uitstraling van het pand.

▪ ▪ ▪

De Gouverneur was built amidst the existing architecture of the Oude Westen, a neighbourhood characterized by a rich variety of residential buildings spanning the period from 1850 to 2016. Brick dominates the streetscape, often with commercial spaces on the ground floor and residential units above. De Gouverneur fills a gap in the street frontage while simultaneously improving social oversight in the adjacent passageway. With sustainability as a guiding principle, this new-build home offers a twenty-first-century variation on the surrounding architecture.

The use of thin floors, fewer partition walls, and minimal finishing has significantly reduced material consumption. Additionally, a brick made from construction waste such as stone, glass and ceramics was chosen — an innovative circular material used here for the first time on a facade. The reflective surface of the brick, applied in a double monk bond with decorative edges, along with the placement and proportions of the windows, plays a defining role in shaping the building's appearance.

Café Marseille 5

ALEXANDRA SONNEMANS, CATERINA VIGUERA

Na jaren in gebruik te zijn geweest als kantoor en opslag kreeg het onderste deel van een wat versleten hoekpand aan de Kruiskade een nieuw leven als restaurant. Daarvoor werden alle toevoegingen en ingrepen die het in de loop der jaren had ondergaan, ongedaan gemaakt. Ruimten die waren

2019
rotative studio

1e Middel-
landstraat
16B

afgescheiden, werden weer open gemaakt, een benauwde Insteekverdieping werd verwijderd, en de deels geblindeerde façade werd in oude glorie hersteld waarmee een vanzelf-sprekende verbinding tussen binnen en buiten ontstaat. Zo kwamen de ware kwaliteiten van deze ruimte aan het licht en ontstond een hoge, lichte eetzaal met mezzanine.

Op maat gemaakte elementen zorgen voor een nadere definitie van de ruimte: een gebogen balustrade langs de mezzanine, daaronder de bar, ertegenover een lange bank met flessenrek en spiegels, en een nieuwe achterwand die de keuken op de begane grond en toiletten op de mezzanine scheidt van de eetzaal. De combinatie van een bescheiden budget en verlangen naar duurzaamheid inspireerde tot een overwogen esthetiek in materialen en kleurstellingen.

After years of use as an office and storage space, the lower section of a somewhat run-down corner building on the Kruiskade has been given a new lease of life as a restaurant. To achieve this transformation, all the additions and alterations made over the years were reversed. Partitioned spaces were reopened, a cramped mezzanine level was removed, and the partially obscured facade was restored to its former glory, creating a natural connection between the interior and the street. This process revealed the true qualities of the space, resulting in a high, light-filled dining room with a mezzanine.

Bespoke elements further define the interior: a curved balustrade along the mezzanine, a bar below it, a long bench with a bottle rack and mirrors opposite, and a newly designed rear wall that separates the kitchen on the ground floor and the mezzanine-level toilets from the dining area. The combination of a modest budget and a commitment to sustainability inspired a carefully considered aesthetic, reflected in the choice of materials and colour schemes.

Museum Boijmans Van Beuningen 6

HILDE DAEM

Museum Boijmans Van Beuningen is een architectonische tijdreis: een verzameling van bouwstijlen en uitbreidingen die door de jaren heen zijn gegroeid. De ingreep van het Belgische bureau Robbrecht en Daem brengt opnieuw samenhang in het geheel. Hun uitbreiding vormt de schakel tussen het historische

2003
+ Paul Robbrecht
Robbrecht en
Daem architecten

Museumpark
18-20

bakstenen gebouw van Van der Steur en de hedendaagse behoefte aan openheid en flexibiliteit.

Groengrijs glas, sober maar ritmisch, omhult de gevel en geeft het museum een elegante eenheid. Het is een kenmerkend spel van Robbrecht en Daem met verdubbeling en overlapping. De trapsgewijze opbouw van de nieuwbouw sluit aan op de schaal van de omliggende gebouwen en leidt het oog geleidelijk naar het grotere museumcomplex. Binnen vloeien oud en nieuw naadloos in elkaar over, zonder harde overgangen. Het resultaat is een ingetogen maar zelfverzekerde architectuur, die niet schreeuwt om aandacht, maar de kunst laat spreken.

Museum Boijmans Van Beuningen is an architectural journey through time — a collection of building styles and extensions that have evolved over the years. The intervention by the Belgian firm Robbrecht en Daem reintroduces coherence to the ensemble. Their extension acts as a bridge between the historic brick building by Van der Steur and the contemporary need for openness and flexibility.

Clad in muted green-grey glass — restrained yet rhythmic — the facade lends the museum an elegant unity. It reflects Robbrecht en Daem's signature play with duplication and layering. The stepped design of the new wing responds to the scale of the surrounding buildings, gradually guiding the eye towards the larger museum complex. Inside, old and new blend seamlessly, with no abrupt transitions. The result is an understated yet confident architecture — one that doesn't demand attention, but instead lets the art speak.

Westersingelbrug 7

ANOUK VOGEL

De omgeving van de Westersingel bleef voor de gevolgen van het bombardement van 1940 gespaard waarmee het historische karakter behouden is gebleven. Het singelpark is een ontwerp in Engelse landschapsstijl van vader en zoon W.N. Zocher en J.D. Zocher en kenmerkt zich door glooiende gazons

2019
+ Johan Selbing
Studio Selva

Westersingel

en boomgroepen. Het wordt aan weerskanten omzoomd door een bebouwing van overwegend laat negentiende-eeuwse herenhuizen.

De oude voetgangersbrug ter hoogte van de Kortenaerstraat werd vervangen door een nieuwe overbrugging die zich met zijn serene uitstraling vanzelfsprekend in de omgeving voegt. De routing — vanuit de Kortenaerstraat via een lichte helling over het water uitlopend in twee richtingen aan de Westersingel — bood de leidraad voor het ontwerp. Die vindt zijn expressie in de consequente klinkerbestrating van brugdek en aanlandingen, uitwaaierend aan de Westersingelzijde. De

balustrade bestaat uit messing spijlen die afgewisseld met de klinkers de brugrand van een patroon voorzien. De spijlen begeleiden de blik en refereren in materiaal aan de bronzen beelden in de omgeving.

▪ ▪ ▪

The area surrounding the Westersingel was spared from the devastation of the 1940 bombing, allowing its historic character to remain intact. The green strips, designed in the English landscape style by father and son W.N. Zocher and J.D. Zocher, are characterized by rolling lawns and clusters of trees. It is flanked on both sides by predominantly late nineteenth-century townhouses.

The old footbridge near Kortenaerstraat was replaced with a new structure that blends seamlessly into its surroundings with a serene and understated presence. The bridge's design follows the natural movement of people — from Kortenaerstraat, gently sloping over the water before branching in two directions at the Westersingel. This concept is reflected in the continuous use of brick paving across the bridge deck and landings, fanning out towards the Westersingel side. The balustrade consists of brass uprights, interspersed with brickwork along the bridge's edge, creating a subtle pattern. The uprights guide the viewer's gaze and, through their material, reference the bronze sculptures that populate the area.

FRANCINE HOUBEN

Mecanoo

FRANCINE HOUBEN (1955) behoort tot de absolute top van de internationale architectuurwereld. Ze studeert bouwkunde aan de TU Delft, waar haar carrière al op jonge leeftijd een vliegende start krijgt. In 1981 wint ze samen met medestudenten, Henk Döll en Roelf Steenhuis een prijsvraag voor een jongerenhuisvestingsproject aan het Kruisplein in Rotterdam (2). Dit project — het allereerste dat HOUBEN zou realiseren — betekent een kantelpunt in de Nederlandse sociale woningbouw, die tot dat moment vooral op gezinnen gericht is.

Drie jaar later, in 1984, richt HOUBEN samen met Henk Döll, Erick van Egeraat, Roelf Steenhuis en Chris de Weijer het architectenbureau Mecanoo op. De naam is een speelse samenstelling van het Britse modelbouwsysteem Meccano, het avant-gardetijdschrift Mécano van Theo van Doesburg en 'Ozoo' — een verwijzing naar hun eerste winnende ontwerp voor de Kruispleinflat, dat zich bevindt op het terrein van de voormalige dierentuin Rotterdam Zoo.

Hoewel haar medeoprichters in de loop der jaren vertrekken, vormt HOUBEN nog altijd het creatieve hart van Mecanoo. Het bureau ontwikkelt zich tot een toonaangevende speler op het wereldtoneel, met een ontwerpbenadering die architectuur, stedenbouw, landschapsarchitectuur, interieurontwerp en restauratie integreert. Wat haar werk typeert zijn de vier pijlers van haar visie: People, Place, Purpose, Poetry.

HOUBEN wordt vaak gerekend tot de invloedrijke Superdutch-generatie van Nederlandse architecten, samen met bureaus als MVRDV, Neutelings Riedijk en OMA. Deze stroming kenmerkt zich door een experimentele ontwerpaanpak, internationale focus en het gebruik van nieuwe technologieën. Ook het idee van de architect als 'starchitect' vindt hierin zijn oorsprong, een fenomeen dat we met deze gids tegengas willen geven.

Onder HOUBENS leiding realiseert Mecanoo een reeks spraakmakende projecten over de hele wereld. In het Verenigd Koninkrijk ontwerpt ze de imposante Library of Birmingham (2013). Het bibliotheekgebouw springt in het oog door zijn opvallende metalen gevel en is een ode aan de cirkel — een oervorm die staat voor oneindigheid, eenheid, universaliteit en tijdloosheid. In Taiwan realiseert Mecanoo het spectaculaire National Kaohsiung Center for the Arts (2018). 's Werelds grootste theater voor podiumkunsten, met een organische, golvende vorm die geïnspireerd is op de wijdse kruinen van de lokale banyanbomen. In de Verenigde Staten leidt Mecanoo de renovatie van de iconische Martin Luther King Jr. Memorial Library in Washington D.C. (2020), waarbij het originele ontwerp van Mies van der Rohe op respectvolle wijze wordt gemoderniseerd.

Ook in eigen land drukt HOUBEN haar stempel. Zo ontwerpt ze het futuristische kantoorgebouw FiftyTwoDegrees in Nijmegen (2007) en de iconische bibliotheek van de TU Delft (1997), met een schuine grashelling en glazen kegel als dak. In Rotterdam is haar handtekening terug te vinden in talloze gebouwen. Voor deze gids hebben we twee projecten van Mecanoo uitgelicht, maar wie zin heeft, kan een heel Mecanoo-rondje lopen door Rotterdam. Verspreid door de stad vind je onder andere de Montevideo Toren (2005) (36), studentenhuisvesting op de Erasmus Campus (2018), de Kapel Heilige Maria der Engelen (2001), Ringvaartplasbuurt (1993), het Boompjes Paviljoen (1990), Hillekop (1989) en de bijna voltooide Hoge Wiek Toren (verwacht in 2026). Ook het interieur van het World Port Centre (2021), het Unilever-hoofdkantoor (2020) en Blaak 555 (2020) zijn van haar hand.

Naast haar werk als architect is HOUBEN actief in het onderwijs: ze geeft les aan onder andere Harvard, Yale en de TU Delft. In 2003 is HOUBEN curator van de allereerste Internationale Architectuur Biënnale Rotterdam. Voor haar veelzijdige oeuvre ontvangt ze tal van onderscheidingen, waaronder de Prins Bernhard Cultuurfonds Prijs in 2015. In 2024 wordt ze benoemd tot Ridder in de Orde van de Nederlandse Leeuw — een bekroning op een indrukwekkende carrière.

▪ ▪ ▪

FRANCINE HOUBEN (1955) ranks among the leading figures in international architecture. She studied architecture at TU Delft, where her career took off at an early age. In 1981, together with fellow students Henk Döll and Roelf Steenhuis, she won a design competition for a youth housing project on Kruisplein in Rotterdam (2). This project — HOUBEN's very first to be realized — marked a turning point in Dutch social housing, which until then had primarily focused on families.

Three years later, in 1984, HOUBEN co-founded the architecture firm Mecanoo along with Henk Döll, Erick van Egeraat, Roelf Steenhuis and Chris de Weijer. The name is a playful combination of references: the British Meccano model-building system, 'Mécano', the avant-garde magazine by Theo van Doesburg, and 'Ozoo' — a nod to their winning Kruisplein design, located on the grounds of the former Rotterdam zoo.

Although her co-founders have since moved on, HOUBEN remains the creative force at the heart of Mecanoo. The firm has grown into a major player on the global stage, known for its integrated approach that combines architecture, urban design, landscape, interior design and restoration. Her work is defined by four key principles: People, Place, Purpose, Poetry.

HOUBEN is often associated with the influential SuperDutch generation of Dutch architects, alongside firms such as MVRDV, Neutelings Riedijk and OMA. This movement is characterized by an experimental design approach, international outlook and the use of new technologies. The idea of the architect as 'starchitect' also finds its roots in this era — a phenomenon this guide seeks to challenge.

Under HOUBEN's leadership, Mecanoo has realized a series of high-profile projects across the globe. In the United Kingdom, she designed the striking Library of Birmingham

(2013), a landmark building known for its distinctive metal facade. The design is an ode to the circle — a primal form symbolizing infinity, unity, universality and timelessness. In Taiwan, Mecanoo completed the spectacular National Kaohsiung Center for the Arts (2018), the world's largest performing arts centre. Its organic, undulating form is inspired by the expansive canopies of local banyan trees. In the United States, Mecanoo led the renovation of the iconic Martin Luther King Jr. Memorial Library in Washington D.C. (2020), respectfully modernizing the original design by Mies van der Rohe.

HOUBEN has also left a significant mark on her home country. She designed the futuristic office building FiftyTwoDegrees in Nijmegen (2007) and the iconic TU Delft Library (1997), known for its sloping grass roof and glass cone. In Rotterdam, her architectural signature can be seen across numerous buildings. This guide highlights two Mecanoo projects, but those keen to explore can take a full Mecanoo tour through the city. Scattered across Rotterdam are the Montevideo Tower (2005) (36), student housing on the Erasmus Campus (2018), the Chapel of Saint Mary of the Angels (2001), the Ringvaartplasbuurt housing project (1993), the Boompjes Pavilion (1990), Hillekop (1989), and the nearly completed Hoge Wiek Tower (expected in 2026). HOUBEN also designed interiors for the World Port Centre (2021), the Unilever headquarters (2020), and Blaak 555 (2020).

In addition to her architectural work, HOUBEN is active in academia, having taught at institutions including Harvard, Yale and TU Delft. In 2003, she served as curator of the first International Architecture Biennale Rotterdam. For her multifaceted body of work, she has received numerous accolades, including the Prins Bernhard Cultuurfonds Prize in 2015. In 2024, she was appointed Knight of the Order of the Dutch Lion — a crowning achievement in an extraordinary career.

Museumpark 8

PETRA BLAISSE

Opdrachtgever Gemeente Rotterdam zag het Museumpark als een verbindende schakel tussen een reeks nieuwe culturele instellingen, het NAi (Jo Coenen, 1993), de Kunsthal (OMA, 1992), het Natuurhistorisch Museum (verbouwing door Erick van Egeraat, 1996) en het bestaande Museum Boijmans

1994
Inside Outside
+ Yves Brunier /
Rem Koolhaas /
OMA

Museumpark

Van Beuningen. Het park zou ze verbinden tot een cultureel hart en op zichzelf ook een waardevolle bestemming vormen.

Voor het ontwerp schakelde OMA Yves Brunier in. Deze jonge Franse landschapsontwerper werd bijgestaan door PETRA BLAISSE, aanvankelijk als vertaler, daarna ook steeds meer als ontwerper van het park. Toen Brunier nog voor de realisatie van het Museumpark overleed, nam BLAISSE het park verder onder haar hoede.

Het ontwerp bestond uit vier ‘kamers’. Een gridvormige boomgaard met een bodembedekking van witte schelpen werd begrensd door een spiegelende wand. Een poort voerde naar een geasfalteerd stadspodium dat later werd voorzien van de Europese vlag. Over een landschapstuin met meanderende paden en een beek voert een zwevende brug naar een plein van blauwe klinkers. Het park onderging verschillende wijzigingen

waarbij de boomgaard en het podium moesten wijken voor Het Depot.

■ ■ ■

The City of Rotterdam envisioned the Museumpark as a connecting link between a series of new cultural institutions: the NAi (Jo Coenen, 1993), the Kunsthal (OMA, 1992), the Natural History Museum (renovated by Erick van Egeraat, 1996), and the existing Museum Boijmans Van Beuningen. The park was designed to unify these institutions into a single cultural destination while also becoming a valuable attraction in its own right.

For the design, OMA appointed Yves Brunier. The young French landscape designer was initially assisted by PETRA BLAISSE, first in a translating role and later increasingly as a co-designer of the park. When Brunier passed away before the realization of Museumpark, BLAISSE took over and continued to oversee the project.

The design featured four distinct 'rooms'. A grid-patterned orchard with a ground covering of white shells was enclosed by a reflective wall. A gate led to an asphalted urban stage, which was later adorned with the European flag. A landscape garden with meandering paths and a stream was crossed by a floating bridge that ended in a square paved with blue bricks. Over time, the park underwent various modifications, with the orchard and the stage making way for the Depot.

Depot 9

FOKKE MOEREL

Midden in het Museumpark glanst het iconische Depot Boijmans Van Beuningen. Dit spiegelende, bolvormige gebouw is het eerste publiek toegankelijke kunstdepot ter wereld. Waar traditionele musea slechts een klein deel van hun collecties tonen, maakt het Depot álle 151.000 kunstobjecten zichtbaar.

2020
MVRDV

Museumpark 24

De kunstwerken worden opgeslagen in vitrines of rekken, niet geordend op stijl of periode, maar op klimaatelsen. Bezoekers kunnen zelfstandig of met een gids dwalen langs opslagruimtes, restauratieateliers en tentoonstellingszalen.

In het atrium leiden vijf zigzaggende trappen, geïnspireerd op de etsen van Giovanni Piranesi, bezoekers omhoog. Ze versterken de ruimtelijke beleving en maken de beweging van bezoekers een onderdeel van het ontwerp. Voor de inrichting werkte Museum Boijmans Van Beuningen samen met kunstenaars John Körmeling en MARIEKE VAN DIEMEN. Körmeling ontwierp het entreegebied en de winkel,

VAN DIEMEN creëerde 'The Maze', een installatie met dertien zwevende vitrines.

De ronde vorm van het gebouw minimaliseert de voetafdruk, terwijl de 1.664 spiegelpanelen de omgeving reflecteren en het uiterlijk laten meebewegen met het licht en de seizoenen in de stad. 's Avonds weerspiegelt de dromerige video-lichtinstallatie 'Het Leven Verspillen Aan Jou' van PIPILOTTI RIST op de gevel. Met dit kunstwerk nodigt RIST iedereen uit om samen te dansen en te spelen in het gekleurde licht.

■ ■ ■

In the heart of the Museumpark shines the iconic Depot Boijmans Van Beuningen. This reflective, bowl-shaped building is the first publicly accessible art depot in the world. While traditional museums only display a small portion of their collections, the Depot makes all 151,000 art objects visible. The artworks are stored in display cases or shelves, not organized by style or period, but according to climate requirements. Visitors can wander independently or with a guide through storage spaces, restoration workshops and exhibition galleries.

In the atrium, five zigzagging staircases, inspired by the etchings of Giovanni Piranesi, lead visitors upwards. They enhance the spatial experience and make the movement of visitors an integral part of the design. For the interior, Museum Boijmans Van Beuningen collaborated with artists John Körmeling and MARIEKE VAN DIEMEN. Körmeling designed the entrance area and the shop, while VAN DIEMEN created 'The Maze', an installation with thirteen floating display cases.

The round shape of the building minimizes its footprint, while the 1,664 mirrored panels reflect the surroundings, allowing the appearance to change with the light and seasons of the city. In the evening, the dreamy video-light installation 'Het Leven Verspillen Aan Jou' by PIPILOTTI RIST reflects on the facade. With this artwork, RIST invites everyone to dance and play together in the coloured light.

Auditorium Kunsthal 10.1, Nieuwe Instituut 10.2

PETRA BLAISSE

‘Een gordijn is meer dan een bloemetjesstof die je even voor het raam schuift. Een gordijn voegt kleur en zachtheid toe aan een gebouw. Je kunt er ruimtes of privacy mee creëren of de akoestiek beïnvloeden’, aldus PETRA BLAISSE. Sinds 1991 verkent BLAISSE met haar bureau Inside Outside de grens

Auditorium Kunsthal 10.1, Nieuwe Instituut 10.2

1999
Inside Outside

Auditorium
Kunsthal (l)
Westzeedijk 341

Auditorium
Nieuwe Instituut (r)
Museumpark 25

tussen binnen en buiten. Haar ontwerpen variëren van gordijnen — door haar 'doeken' genoemd — en interieurs tot tuinen en complete stadsparken. Om haar doeken een architectonisch karakter te geven, gebruikt ze drie kernprincipes: (1) licht, lucht en beweging, (2) naad, zoom en plooi, en (3) textuur en patroon. Hiermee speelt ze met volume, schaal, sculpturale kwaliteit, transparantie, reflectie, tijd en ruimtelijke beleving.

Een iconisch voorbeeld is haar ontwerp voor het auditoriumgordijn van de Kunsthal uit 1992. Dit doek bestaat uit twee contrasterende materialen: een zware zwarte katoenen buitenkant en een glanzende zilverachtige binnenkant van glasvezel. De combinatie zorgt voor een subtiele, maar krachtige, visuele spanning. De rails zijn geïntegreerd in de architectuur en het gordijn hangt niet op de traditionele manier tussen het publiek en het podium. Als het zich uitvouwt vormt het doek een rond auditorium, en als het wordt gesloten rolt het zich als een avondjurk rond een pilaar en wordt het een sierlijke sculptuur. In het originele doek waren speakers verwerkt, zodat het geluid de bezoeker volledig omhulde.

Het doek in het Nieuwe Instituut is een ander ontwerp van BLAISSE, waarbij de interactie tussen ruimte en materiaal centraal staat. Dit doek is subtiel, maar zorgt voor een dramatische transformatie van de ruimte. Wanneer het doek is dichtgeschoven is het auditorium door de grote glazen wanden verbonden met het uitzicht op het café, het terras en de vijver. Wanneer het gordijn is uitgevouwen ontstaat er een intiem auditorium. Ook dit doek is een perfect voorbeeld van BLAISSES filosofie: textiel als een poëtische, tijdelijke dimensie binnen architectuur.

▪ ▪ ▪

'A curtain is more than a floral fabric you quickly pull across a window. A curtain adds colour and softness to a building. You can use it to create spaces or privacy or to influence acoustics,' says Petra BLAISSE. Since 1991, BLAISSE has explored the boundary between indoors and outdoors with her studio Inside Outside. Her designs range from curtains — which she refers to as 'drapes' — and interiors to gardens and entire urban parks. To give her designs an architectural character, she uses three core principles: (1) light, air and movement, (2) seam, hem and fold, and (3) texture and pattern. With these, she plays with volume, scale, sculptural quality, transparency, reflection, time and spatial experience.

An iconic example is her 1992 design for the auditorium curtain of the Kunsthal. This consists of two contrasting materials: a heavy black cotton exterior and a shiny silvery interior made of fibreglass. The combination creates a subtle but powerful visual tension. The tracks are integrated into the architecture and the curtain does not hang in the traditional way between audience and stage. When unfurled, it forms a circular auditorium, and when closed it wraps around a column like an evening gown and becomes a graceful sculpture. The original design contained built-in speakers, so the sound completely surrounded the visitor.

The curtain in the Nieuwe Instituut is another design by BLAISSE, in which the interaction between space and material takes centre stage. This design is subtle but brings about a dramatic transformation of the space. When drawn back, the auditorium is connected through large glass walls to the view of the café, the terrace and the pond. When the curtain is extended, an intimate auditorium emerges. This design too is a perfect example of BLAISSE's philosophy: textiles as a poetic, temporary dimension within architecture.

Stadsvernieuwing 11

SABINE DE KLEIJN

De vijf blokken van Van Herk en DE KLEIJN rondom de Nieuwe Binnenweg maken deel uit van een typisch stadsvernieuwings-project. Vanaf 1974 kocht de gemeente verwaarloosde huizen op. In enkele tientallen jaren werden zo'n 70.000 woningen gerenoveerd of vervangen door kleinschalige nieuwbouw.

1985
+ Arne van Herk
Van Herk &
De Kleijn

Nieuwe Binnenweg 196-204

Nieuwe Binnenweg 264-282

Hoek Nieuwe Binnenweg met Claes de Vrieselaan

Hoek Claes de Vrieselaan met Hondiusstraat

Hoek 's-Gravendijkwal met Zwaedecroonstraat

De vijf locaties combineren winkelruimten met 81 woningen, grotendeels maisonnettes, en kenmerken zich door een opvallende stedelijke vormgeving. De nieuwbouw moest de continuïteit van het winkelgebied behouden, waardoor de begane grond volledig werd bestemd voor winkels. Dit vijfdelige project onderscheidt zich van eerdere stadsvernieuwingsprojecten, die qua schaal en materiaalgebruik aansloten bij de bestaande bebouwing. In plaats daarvan contrasteren Van Herk en De Kleijn bewust met hun omgeving door gepleisterde gevels en een afwijkende, pregnante kleurstelling. Ondanks deze contrasten vormen de vijf locaties samen een coherent geheel. Karakteristieke elementen zijn de grote verticale portieken, die bijna als zijstraten functioneren en bijdragen aan een sterke straatwand, de ritmiek van horizontale raamstroken en de dynamische gevelcomposities, waarbij volumes naar voren springen of juist terugliggen. Bij vier van de vijf projecten is de oude dakrand als visueel keerpunt gebruikt, met daarboven terugliggende nieuwbouw. Dit zorgt ervoor dat de historische continuïteit van het straatbeeld behouden blijft.

▪ ▪ ▪

The five blocks by Van Herk and DE KLEIJN around the Nieuwe Binnenweg are part of a typical urban renewal project. Starting in 1974, the municipality began purchasing neglected houses. Over the course of a few decades, around 70,000 homes were renovated or replaced with small-scale new builds.

The five sites combine retail spaces with 81 homes, mostly maisonettes, and are characterized by striking urban design. The new construction was required to maintain the continuity of the shopping area, so the ground floor was fully designated for retail. This five-part project differs from earlier urban renewal efforts, which typically matched the existing buildings in scale and materials. Instead, Van Herk and DE KLEIJN deliberately contrast with their surroundings through plastered facades and a bold, unconventional colour scheme.

Despite these contrasts, the five sites form a coherent whole. Characteristic elements include large vertical entrances that function almost like side streets and contribute to a strong street wall, the rhythm of horizontal bands of fenestration, and dynamic facade compositions where volumes either project forward or are set back. In four of the five projects, the old roofline was used as a visual turning point, with new construction set back above it. This approach preserves the historical continuity of the streetscape.

VOC Zeemagazijn 12

INEKE HULSHOF

Het VOC Zeemagazijn aan de Achterhaven in Delfshaven, gebouwd in 1672, is een van de oudste gebouwen van Rotterdam. Oorspronkelijk diende het als opslagplaats voor scheepsbouwmaterialen van de Verenigde Oost-Indische Compagnie. Later werd het gebruikt als soda- en zeepfabriek,

2018
Hulshof
Architecten

Achterhaven
134-150

tot het in de jaren negentig zijn industriële functie verloor. In 2012 startte een ambitieuze herontwikkeling onder leiding van Urbannerdam en Hulshof Architecten. Via Collectief Particulier Opdrachtgeverschap (CPO) kregen bewoners en ondernemers invloed op de herbestemming van het rijksmonument. De renovatie was complex: de fundering werd vervangen en rondom een nieuw glazen atriumdak werden dakterrassen gecreëerd. Duurzaamheid stond centraal, met energiezuinige oplossingen en gasloze voorzieningen. Het resultaat: tien woningen en een kantoorruimte, waarbij historische elementen zoals de doorgang naar de vroegere werf zijn hersteld.

Zo verbindt het VOC Zeemagazijn opnieuw verleden en toekomst, met respect voor geschiedenis en aandacht voor een eigentijdse invulling.

■ ■ ■

The VOC Zeemagazijn on the Achterhaven in Delfshaven, built in 1672, is one of the oldest buildings in Rotterdam. It was originally used as a storage facility for shipbuilding materials by the Dutch East India Company. Later, it served as a soda and soap factory until it lost its industrial function in the 1990s.

In 2012, an ambitious redevelopment was launched under the direction of Urbannerdam and Hulshof Architects. Through Collective Private Commissioning (CPO), residents and entrepreneurs were given influence over the repurposing of the listed monument. The renovation was complex: the foundation was replaced and roof terraces were created around a new glass atrium roof. Sustainability was a key focus, with energy-efficient solutions and gas-free systems. The result is ten homes and an office space, with historical features such as the passage to the former yard carefully restored. In this way, the VOC Zeemagazijn once again connects past and future with respect for history and attention to a contemporary interpretation.

CPO Hooidrift 13

LIKE BIJLSMA, EIREEN SCHREURS

De bouw van deze veertien rijwoningen kwam tot stand op basis van collectief particulier opdrachtgeverschap (CPO). De woningen komen tegemoet aan een waaier van individuele woonwensen zoals een inpandige garage, een werkkamer, een gastenverblijf in het souterrain of een daktuin. Ook ruimtelijk

1997
SUBoffice

Hooidrift 54-80

kent het ensemble een enorme diversiteit: sommige woningen hebben open plattegronden met vides, andere een meer klassieke indeling met kamers en trappenhallen. De verbinding met de buitenruimte wordt soms gecreëerd met terrassen, dan weer met balkons of een daktuin. Aan de straat liggen werkkamers, keukens maar ook de garages van drive-inwoningen.

Deze enorme variëteit vindt haar expressie in een rijk ensemble dat zich toch als een samenhangende straatwand presenteert. De ontwerpers lieten zich daarbij inspireren door de negentiende- en vroeg twintigste-eeuwse woonensembles in de omgeving.

Daaruit destilleerden zij een reeks ontwerpuitgangspunten omtrent ritme en ordening, regel en uitzondering om een beeld van 'eenheid in veelheid' te realiseren. Op basis van een set heldere ontwerpregels en een familie aan materialen die zij kregen aangereikt, konden de individuele opdrachtgevers hun eigen gevels te ontwerpen.

■ ■ ■

The construction of these fourteen terraced houses was realized through collective private commissioning (CPO). The homes cater to a wide range of individual living preferences, including features such as an integrated garage, a home office, a guest suite in the basement, or a rooftop garden. The ensemble also exhibits remarkable spatial diversity: some homes feature open-plan layouts with double-height spaces, while others follow a more traditional arrangement with separate rooms and stairwells. The connection to outdoor space varies as well, taking the form of terraces, balconies or rooftop gardens. Along the street, workspaces, kitchens and the garages of drive-in homes are positioned, contributing to a dynamic streetscape.

Despite this variety, the development presents itself as a cohesive street frontage. The designers drew inspiration from nineteenth- and early twentieth-century residential ensembles in the surrounding area. From these precedents, they distilled key design principles regarding rhythm and order, balance between regularity and variation, and the concept of 'unity in diversity'. Within a framework of clear design rules and a shared material palette, individual homeowners were given the opportunity to design their own facades.

Essenburgpark 14

CATHERINE VISSER

Langs het spoor in Rotterdam-West ligt het Essenburgpark, een bijzondere groene oase die is ontstaan door de inzet van buurtbewoners. Wat ooit een vergeten en verwilderd spoorterrein was, is nu een gevarieerd natuurgebied. Met steun van het waterschap en de gemeente hebben buurtbewoners het

2019
DaF-architecten /
Spoortuin, Ieders Tuin, Pluktuin, De Groene Connectie

Essenburgsingel 59

gebied ontwikkeld en beheren ze het nog steeds. Vanaf het begin speelde architect CATHERINE VISSER een belangrijke rol in het project. Als buurtbewoner en expert op het gebied van ruimtelijk ontwerp hielp zij de visie vorm te geven en de samenwerking tussen bewoners en instanties te versterken.

Het zeven hectare grote park heeft een afwisselend landschap met hoge spoordijken, elzenbosjes, natte veenkommen en rietkragen. Slingerende paden verbinden open uitzichten op de stad met beschutte plekken waar jo je even helemaal in de natuur waant. Door de aanleg van een waterberging van 5.000 m^3 helpt het park bij het opvangen van overtollig regenwater en draagt het bij aan droge voeten in omliggende wijken. Het Essenburgpark is onderdeel van de Groene Connectie, een acht kilometer lange wandelroute die groene en sociale initiatieven in Rotterdam-West met elkaar verbindt.

Leuk weetje: Aan de grote treurwilg bij de oostingang van De Spoortuin hangt ‘Talisvrouw’, een klein vaginabeeldje van kunstenaar Yvonne Beelen. Gehaakt van wol, gegoten in porselein en op hoge temperatuur geglazuurd, is het een eigentijdse talisman. Haar inspiratie komt voort uit een oud Keltisch geloof waarin de vulva werd gezien als krachtig beschermsymbool. In de Middeleeuwen leefde dit voort in de vorm van Sheela-na-gig’s — vrouwelijke figuren met nadrukkelijk weergegeven geslachtsdelen — die kastelen en kerken sierden. Net als deze ornamenten staat 'Talisvrouw' symbool voor bescherming, kracht en verbondenheid.

▪ ▪ ▪

Alongside the railway line in Rotterdam-West lies the Essenburgpark, a unique green oasis brought to life through the efforts of local residents. What was once a forgotten, overgrown railway site is now a diverse natural area. With support from the water board and the municipality, residents developed the area and continue to manage it today.

From the very beginning, architect CATHERINE VISSER played an important role in the project. As both a local resident and an expert in spatial design, she helped shape the vision and strengthen collaboration between residents and institutions.

The seven-hectare park features a varied landscape with high railway embankments, alder groves, wet peat pools and reed beds. Winding paths connect open views of the city with sheltered spots where you can feel completely immersed in nature. Thanks to the construction of a 5,000 m^3 water retention basin, the park helps to absorb excess rainwater and contributes to keeping surrounding neighbourhoods dry. The Essenburgpark is part of the Green Connection, an eight-kilometre walking route that links green and social initiatives across Rotterdam-West.

Fun fact: Hanging from the large weeping willow at the eastern entrance of De Spoortuin is 'Talisvrouw', a small vulva-shaped artwork by artist Yvonne Beelen. Crocheted in wool, cast in porcelain and glazed at high temperature, it serves as a contemporary talisman. The piece draws inspiration from ancient Celtic beliefs in the vulva as a powerful symbol of protection. In the Middle Ages, this tradition lived on through 'Sheela-na-gigs' — female figures with exaggerated genitalia found on castles and churches. Like these medieval carvings, 'Talisvrouw' stands for protection, strength and connection.

DE VROUWEN VAN

OMA

Office for Metropolitan Architecture — of kortweg OMA — wordt in 1975 opgericht en groeit uit tot een van de invloedrijkste architectenbureaus ter wereld. Vaak wordt OMA als een eenmansorkest toegeschreven aan Rem Koolhaas. Maar vanaf het begin is OMA een collectief waarin vrouwen van verschillende disciplines en achtergronden — kunstenaars, denkers, ontwerpers, bouwers — een essentiële rol spelen. MADELON VRIESENDORP, ZOE ZENGHELIS, ZAHA HADID, PETRA BLAISSE en ELLEN VAN LOON drukken ieder op hun eigen manier een stempel op het bureau.

MADELON VRIESENDORP (1945), beeldend kunstenaar en medeoprichter van OMA, geeft het bureau in de vroege jaren een unieke visuele taal. Haar schilderijen, collages en animaties — zoals Flagrant Délit, het iconische beeld op de cover van Delirious New York — verbeelden niet alleen de radicale ideeën van OMA, maar vormen ook een eigen narratief binnen de architectuurwereld. Haar werk bevraagt met humor en scherpte machtsstructuren, seksualiteit en moderniteit. VRIESENDORP laat zien dat architectuur meer is dan bouwen: het is ook vertellen, verbeelden en verontrusten.

Eenzelfde verhalende kracht vinden we bij ZOE ZENGHELIS (1983), medeoprichter en kunstenaar. Haar schilderingen — vaak gemaakt in samenwerking met haar partner en eveneens medeoprichter van OMA Elia Zenghelis — kleuren letterlijk en figuurlijk de vroege OMA-projecten. Met haar 'zonovergoten kleurenpalet' geeft ze abstracte stedenbouwkundige plannen emotie en leesbaarheid. Samen met VRIESENDORP leidt ZENGHELIS de Colour Workshop aan de Architectural Association in Londen, waar zij diverse generaties architecten de tools geeft om via kleur, compositie en sfeer betekenis te geven aan hun ontwerpen.

ZAHA HADID (1950–2016) start haar carrière als student van Koolhaas en ZENGHELIS aan de Architectural Association in Londen en sluit zich in 1977 aan bij OMA. Ze werkt onder andere mee aan de prijsvraag voor de uitbreiding van het Tweede Kamergebouw in Den Haag. Haar kenmerkende deconstructivistische stijl krijgt mede vorm bij OMA: hoekige, meetkundige vlakken, geïnspireerd door het suprematisme van Malevitsj en El Lissitzky. In 1980 start HADID haar eigen bureau, waarmee ze wereldwijd naam maakt.

PETRA BLAISSE (1955) voegt in de jaren negentig een compleet nieuwe dimensie toe aan het werk van OMA. Met haar ontwerpbureau Inside Outside richt ze zich op het samenspel van binnen en buiten. Als textielontwerper, interieurontwerper en landschapsontwerper werkt ze nauw samen met OMA aan projecten waarin architectuur, landschap en interieur samensmelten. BLAISSE staat bekend om haar enorme doeken, waarvan er twee zijn opgenomen in deze stadsgids: namelijk de doeken in het auditorium van de Kunsthal (10.1) en het Nieuwe Instituut (10.2) . Daarnaast is in deze gids ook het ontwerp van het Museumpark (8) te vinden, dat zij oorspronkelijk in samenwerking met Rem Koolhaas en Yves Brunier ontwerpt.

ELLEN VAN LOON (1963) start in 1998 bij OMA als eerste medewerker met een kind en groeit uit tot partner binnen het bureau. Tot 2025 is zij in deze rol een stuwende kracht achter de professionalisering en internationale groei van OMA. Ze leidt iconische projecten als Aviva Studios — Factory International in Manchester (2023), Casa da Música in Porto (2005) en de Nederlandse ambassade in Berlijn (2003). In deze stadsgids vind je De Rotterdam (35) terug onder haar naam. VAN LOON is nauw betrokken bij de conceptuele ontwikkeling van deze 'verticale stad'. Dus denk bij de Reus van Rem ook zeker aan ELLEN VAN LOON.

▪ ▪ ▪

The Office for Metropolitan Architecture — or OMA for short — was founded in 1975 and has grown into one of the most influential architecture firms in the world. Often portrayed as a one-man show led by Rem Koolhaas, OMA has, from the outset, operated as a collective. Women from a wide range of disciplines and backgrounds — artists, thinkers, designers, builders — have played an essential role in shaping its identity. Figures such as MADELON VRIESENDORP, ZOE ZENGHELIS, ZAHA HADID, PETRA BLAISSE and ELLEN VAN LOON have each brought indispensable energy and perspective to the practice in their own way.

MADELON VRIESENDORP (1945), a visual artist and co-founder of OMA, gave the firm a unique visual language in its formative years. Her paintings, collages and animations — including 'Flagrant Délit', the iconic image on the cover of 'Delirious New York' — not only gave form to OMA's radical ideas but also created a narrative of their own within the architectural world. With wit and sharpness, her work explores power structures, sexuality and modernity. VRIESENDORP shows that architecture is more than construction — it is also storytelling, imagination and provocation.

A similar narrative strength can be found in the work of ZOE ZENGHELIS (1933), co-founder of OMA and visual artist. Her paintings — often created in collaboration with her partner and fellow OMA co-founder Elia Zenghelis — quite literally and figuratively coloured OMA's early projects. With her 'sun-drenched palette', she brought emotion and legibility to abstract urban planning concepts. Together with MADELON VRIESENDORP, ZENGHELIS led the Colour Workshop at the Architectural Association in London, where she equipped generations of architects with the tools to give meaning to their designs through colour, composition and atmosphere.

ZAHA HADID (1950–2016) was a student of Rem Koolhaas and Elia Zenghelis at the Architectural Association in London and joined OMA in 1977. During her time at the firm, she contributed to projects such as the competition entry for the expansion of the Dutch Parliament building in The Hague. Her distinctive deconstructivist style took shape in part at OMA — characterized by angular, geometric planes inspired by the Suprematism of Malevich and El Lissitzky. In 1980,

HADID founded her own practice, with which she went on to achieve global acclaim.

PETRA BLAISSE (1955) brought an entirely new dimension to OMA's work in the 1990s. Through her design studio Inside Outside, she focuses on the interplay between interior and exterior. As a textile, interior and landscape designer, she collaborates closely with OMA on projects in which architecture, landscape and interior design merge seamlessly. BLAISSE is renowned for her monumental curtains, two of which are featured in this city guide: those in the auditoriums of the Kunsthal and the Nieuwe Instituut (10). The guide also includes her design for the Museumpark (8), originally created in collaboration with Rem Koolhaas and Yves Brunier.

ELLEN VAN LOON (1963) joined OMA in 1998 as the firm's first employee with a child and went on to become one of its partners. Until 2025, she was a driving force behind OMA's professionalization and international expansion. VAN LOON led several of the firm's most iconic projects, including Aviva Studios — Factory International in Manchester (2023), Casa da Música in Porto (2005), and the Netherlands Embassy in Berlin (2003). This city guide features De Rotterdam (35) under her name. VAN LOON played a key role in the conceptual development of this 'vertical city'. So when thinking of the 'Reus van Rem' ('Rem's Giant'), be sure to think of ELLEN VAN LOON as well.

RVS-flat 15

WIL JANSEN

Met de RVS-flat kwamen er voor het eerst woningen voor alleenstaande, werkende vrouwen in Rotterdam. Nieuwe woongebouwen voor deze doelgroep zoals ze destijds ook in Utrecht en Amsterdam verrezen, werden soms spottend 'hunkerbunkers' genoemd. Ze voorzagen in een enorme

1958

Suze Groeneweglaan 13-331

behoefte van een groep vrouwen die tot dan toe voor woonruimte alleen bij familie of een hospita terecht kon.

Voor het Rotterdamse plan dat al van voor de oorlog stamde, werd pas in 1955 een financier gevonden. Het was de Rotterdamse Verzekering Sociëteit (RVS), de naamgever van de flat waarvan het beeldmerk nog altijd op de gevel prijkt. Het functionalistische flatgebouw met 100 driekamerwoningen aan de galerijen en 40 tweekamer- en tien eenkamerappartementen op de koppen, bood modern comfort. De woningen met eigen badkamer en keuken waren voorzien van moderne snufjes zoals een elektrische boiler, ijskast, lift voor vuilnisemmers en huistelefoon. Er kwam een collectief zonneterras op het dak, en bergingen en parkeerplaatsen in de plint; op de begane grond was ruimte voor een kapper en kruidenier. De RVS-flat heeft zijn oorspronkelijke kwaliteiten behouden, maar is tegenwoordig niet meer alleen bestemd voor vrouwen.

■ ■ ■

The RVS apartment block was the first residential building in Rotterdam designed specifically for single, working women. Similar housing projects for this demographic had already been built in Utrecht and Amsterdam, where they were sometimes mockingly referred to as hunkerbunkers (‘yearning bunkers’). These buildings fulfilled a huge need for a group of women who, until then, had few housing options beyond living with family or renting a room from a landlady.

The plan for Rotterdam had existed since before the war, but it wasn’t until 1955 that funding was secured. The Rotterdamse Verzekering Sociëteit (RVS), which gave the building its name, provided the financing, and its logo still adorns the facade. The functionalist apartment building contained one hundred three-room apartments along the galleries, as well as forty two-room and ten one-room apartments at the ends of the structure, offering modern comforts. Each unit had its own bathroom and kitchen, equipped with contemporary conveniences such as an electric water heater, refrigerator, garbage chute and house telephone. The building also featured a shared rooftop sun terrace, storage spaces and parking in the plinth, and ground-floor commercial units, including a hairdresser and a grocer. While the RVS building has retained its original qualities, it is no longer exclusively reserved for women.

Vroesenpaviljoen 16

ARZU AYIKGEZMEZ

Verscholen in het Vroesenpark in de wijk Blijdorp ligt het Vroesenpaviljoen. Dit buurthuis is een initiatief van de wijk-bewoners en werd door de financiële crisis in 2008 zelfs een burgerinitiatief met eigen financiering. De inzending van ARZU AYIKGEZMEZ en partner Sander Hazevoet voor een prijsvraag

2015
Vitibuck

Vroesenlaan 60

onder lokale jonge architecten werd door een vakjury én door de bewoners gekozen tot winnend ontwerp.

Het plan is gefaseerd tot stand gekomen en blijft als groeimodel rekening houden met toekomstige ontwikkelingen en de financiële haalbaarheid daarvan. De modulaire bouw van het gebouw blijkt uit de houten ribbenstructuur, waarmee het zich voegt naar zijn natuurlijke omgeving. Het waaiervormige bouwvolume onder een licht hellend groendak bestaat uit een open deel met hoge puien waar het zitgedeelte en de keuken zijn gesitueerd. De toiletten zijn in een latere fase in het gesloten gedeelte opgenomen.

Het Vroesenpaviljoen is een ontmoetingsplek voor jong en oud en biedt gelegenheid tot eten en drinken, recreëren en het organiseren van culturele activiteiten. Vanaf het terras hebben de wijkbewoners zicht op de speelweide en het omliggende park. Het ontwerp werd genomineerd voor de Architectuurprijs Rotterdam 2016.

Tucked away in Vroesenpark in the Blijdorp neighbourhood lies the Vroesen Pavilion, a community hub born from local initiative. Sparked by the 2008 financial crisis, the project evolved into a citizen-led venture, fully financed and driven by residents.

The winning design, submitted by ARZU AYIKGEZMEZ and her partner Sander Hazevoet in a competition for young local architects, was selected by both a professional jury and the neighbourhood community. The project was developed in phases, allowing it to grow over time in response to future needs and financial feasibility. Its modular construction is expressed through a wooden rib structure that integrates naturally with the park surroundings. The fan-shaped building, set beneath a gently sloping green roof, comprises an open area with tall glazed facades housing the seating area and kitchen. Toilets were added later in the enclosed section of the building.

The Vroesen Pavilion provides a welcoming space for all ages and offers opportunities for dining, leisure and hosting cultural activities. From the terrace, residents enjoy views of the play meadow and the surrounding greenery. The design was nominated for the Rotterdam Architecture Prize in 2016.

Binnensingel 17

LAURA WEEBER

Park 16Hoven combineert grootstedelijk comfort met een landelijke sfeer. Brede lanen, statige villa's en royale kavels creëren een ruimtelijke en groene woonomgeving. Binnen deze wijk ontwierp architect LAURA WEEBER twee opvallende witte villa's die de toon hebben gezet voor de verdere uitbreiding van

2012
Laura Weeber
architect

Linnaeushof 14

de Vijverbuurt. De witte architectuur van WEEBER contrasteert met de omliggende bebouwing van bruine baksteen, wat bijdraagt aan de herkenbare en harmonieuze eenheid van de Vijverbuurt binnen Polder Zestienhoven.

De woningen zijn gesitueerd rond een vijver en een park. Oorspronkelijk ontwierp WEEBER twee markante twee-onder-een-kapwoningen, maar een van de woningen werd reeds onherkenbaar verbouwd. De architectuur is geïnspireerd op traditionele boerenschuren uit de Verenigde Staten en Frankrijk, wat terugkomt in de karakteristieke kapvorm. Een opvallend element in het ontwerp is het opgetilde voorste

gedeelte van de huizen, dat een weids uitzicht over de vijver biedt. De extra hoge woonkamer is gericht op de achtertuin.

▪ ▪ ▪

Park 16Hoven combines metropolitan comfort with a rural atmosphere. Wide avenues, elegant villas and generous plots create a spacious and green living environment. Within this neighbourhood, architect LAURA WEEBER designed two striking white villas that set the tone for the further development of the Vijverbuurt. WEEBER's white architecture contrasts with the surrounding brown brick buildings, contributing to the distinctive yet harmonious unity of the Vijverbuurt within Polder Zestienhoven.

The homes are situated around a pond and a park. Originally, WEEBER designed two striking semi-detached houses, although one of them has since been extensively altered. The architecture is inspired by traditional barns from the United States and France, reflected in the distinctive roof shape. A striking element of the design is the raised front portion of the houses, which offers a broad view over the pond. The extra-high living room faces the back garden.

Montessorischool 18

JAN KAMMER-KRET

JAN (JANNE JOHANNA) KRET was een van de eerste afgestudeerde architectes in Nederland. Samen met haar echtgenoot ontwierp ze deze montessorikleuterschool in de vroegere tuinstad Schiebroek, nu een wijk in het stadsdeel Hillegersberg-Schiebroek. Alle vier de dochters van het echtpaar gingen

1936
+ Harm Kammer
Kammer-Kret

Sleedoornlaan 35

hier later naar school. Het gebouw is een voorbeeld van het functionalistisch ingegeven Nieuwe Bouwen en kon met een beperkt budget economisch worden gebouwd dankzij moderne bouwmethoden en -materialen als gasbeton, staal en glas. Het eenlaagse, in een sobere vormentaal opgetrokken schoolgebouw werd in drie maanden gerealiseerd dankzij montagebouw.

De zuidoostgevel, een stalen raamconstructie bestaande uit drie panelen van elk negen meter breed, zorgt voor licht- en luchttoevoer in de lokalen. Een gootoverstek beschermt de vallende ramen op de bovenrij tegen regeninval. De overdekte zuidwestelijke ingang houdt bij slecht weer wachtende ouders droog. Elk klaslokaal had toegang tot een eigen buitenspeelplaats met een grasstrook en bloemperk. 25 jaar na de bouw werden er nog een lokaal en een muziekruimte aan het schoolgebouw toegevoegd. Het gebouw is nu in gebruik als buitenschoolse opvang.

▪ ▪ ▪

JANNE (JAN) JOHANNA KRET was one of the first female architects to graduate in the Netherlands. Together with her husband, she designed this Montessori nursery school in the former garden city of Schiebroek, now a neighbourhood in the Hillegersberg-Schiebroek district. All four of the couple's daughters would later attend the school. The building is an example of the functionally driven 'Nieuwe Bouwen' (New Building) movement and was constructed on a modest budget using modern methods and materials such as aerated concrete, steel and glass. The single-storey school, built in a sober formal language, was completed in just three months thanks to prefabricated construction techniques.

The southeast facade, made of a steel window structure comprising three 9-metre-wide panels, provides ample daylight and ventilation to the classrooms. An extended gutter overhang protects the top row of tilting windows from rain. The covered entrance on the southwest side keeps waiting parents dry in bad weather. Each classroom originally had access to its own outdoor play area with a grass strip and flower bed. Twenty-five years after construction, a classroom and a music room were added. The building is now used as an after-school care facility.

De Hoekstee 19

SIMONE DROST

Deze woon-zorginstelling voor mensen met een Autistisch Spectrum Stoornis biedt haar bewoners een plek midden in de samenleving. Ontwerpen voor deze doelgroep is een kwestie van zorgvuldig balanceren. Enerzijds is een omgeving nodig met voldoende privacy die beschermt tegen een overdaad aan

2023
+ Harm Janssen &
Theo Kupers
PLANET LAB
ARCHITECTURE

Meidoornsingel
113

prikkels en contact, anderzijds moet er ook ruimte zijn voor begeleiding, contact en enige mate van zelfredzaamheid.

Dit gebouw omvat 35 woonstudio's verdeeld over vier woongroepen die alle beschikken over een gezamenlijke buitenruimte in de vorm van een terras. Het gebouw heeft de uitstraling van een modernistische villa waarin lichte baksteen is gecombineerd met goudkleurige aluminium kozijnen. Het golvende keramisch tegelwerk bij de vensters doet denken aan opengeschoven gordijnen, een huiselijke referentie. Een doorleefd detail is het bankje bij de entree dat met het geheel is mee-ontworpen. De inspiratie was een simpel bankje bij een vorige locatie dat bedoeld was om te wachten op vervoer, maar ook een onverwacht succesvolle aanleiding bleek voor contact tussen bewoners onderling of met voorbijgangers.

This residential care facility for individuals with Autism Spectrum Disorder offers its residents a place at the heart of society. Designing for this group requires a careful balance — on the one hand, the environment must provide sufficient privacy, shielding residents from excessive stimuli and social interaction; on the other, it must allow space for guidance, connection and a degree of independence.

The building comprises 35 studio apartments, organized into four residential groups, each with access to a shared outdoor terrace. Architecturally, it takes on the appearance of a modernist villa, featuring light brickwork combined with gold-coloured aluminium window frames. The undulating ceramic tiling around the windows evokes the impression of drawn-back curtains, offering a homely reference. A thoughtful detail is the bench at the entrance, which was designed as an integral part of the building. Inspired by a simple bench at a previous location — originally intended as a waiting spot for transport — it unexpectedly became a place for social interaction, encouraging spontaneous conversations among residents and passers-by.

Tollensstraat 20.1, We love the '80s 20.2

MARTINE DUYVIS, MARIA VASILOGLOU

‘Wij houden van de jaren 80’: onder dit motto startte LAGADO Architecten de gevelrenovatie van drie van de acht sociale woningbouwblokken in Rotterdam Noord, destijds ontworpen door Passchier Vandensteen. Uitgangspunt van de gehele renovatie was om het dissonante karakter van de jarentachtigstijl te behouden en de verschillende gebouwen als één familie herkenbaar te houden.

Tollenstraat (l)
2024
Studio Abacaxi

Tollensstraat 19

We love the ’80s (r)
2024
+ Victor Verhagen
LAGADO architects

Noordmolendwars-
straat 34-36,
Witte Zwaanhof
3-9,
Zwaanhals 261-263,
351A-353C,
Zaagmolenstraat
219-243

Het opvallende kleurgebruik van Vandensteen bleef behouden, maar overal in de lambriseringen werd een lichtgrijze metaalachtige kleur als basis gebruikt. De vlakke gevels zijn vervangen door verspringende gevelpanelen die diepte creëren. De dikkere gevels maakten extra isolatie mogelijk.

Naast de drie bouwblokken van LAGADO Architecten is het gevelontwerp voor het bouwblok aan de Tollensstraat, een van de vijf andere renovatieprojecten, gemaakt door Studio Abacaxi van MARTINE DUYVIS. De grijze lambrisering bovenop de bakstenen plint heeft verticale

vinnen in een afwijkende kleur. Evenals bij de andere gevels versterken deze vinnen en naden de verticaliteit van de gevelwanden.

▪ ▪ ▪

‘We love the ’80s.’ Under this motto, LAGADO Architecten began the facade renovation of three of the eight social housing blocks in Rotterdam Noord, originally designed in the 1980s by Passchier Vandensteen. The core aim of the renovation was to preserve the distinctive, somewhat discordant character typical of the 1980s style, while unifying the blocks visually as a recognizable architectural family.

The striking original use of colour by Vandensteen was retained, but a light grey, metallic tone was introduced across all lower facade panels as a consistent base. Flat facades were replaced with staggered facade panels that create a sense of depth and rhythm. The increased facade thickness also allowed for better insulation.

While LAGADO Architecten redesigned three blocks, the facade design for the block on Tollensstraat — one of five other renovations — was carried out by Studio Abacaxi, led by MARTINE DUYVIS. Here, the grey cladding above the brick plinth features vertical fins in a contrasting colour. As with the other facades, these fins and seams emphasize the verticality of the building’s surface.

Tollensstraat 20.1, We love the ’80s 20.2

De Provenier 21

CANDICE DE ROOIJ

Aan de groene Provenierssingel, vlak achter Rotterdam Centraal Station, ontwierp CANDICE DE ROOIJ, gespecialiseerd in architectonische opgaves met een zorgvraag, voor zorgaanbieder Middin dit woonzorggebouw voor ouderen en mensen met een beperking. Met dit ontwerp dat een ouder

2019
KAW architecten

Provenierssingel
55

verzorgingshuis vervangt, is de zorg ondergeschikt gemaakt aan het wonen: iedereen heeft recht op een eigen woning, gescheiden van de zorg. Ook is er ruimte voor gemeenschapszin vanuit de gedachte dat jongere bewoners met beperkingen de ouderen kunnen ondersteunen.

Het bouwblok bevat een beschermde buitenruimte in de vorm van een binnenhof op de begane grond en op elke verdieping een terras dat op het zuiden is georiënteerd. De woningen van elk 50 m² liggen aan gangen rond de binnenhof waardoor er veel licht binnentreedt. De gemeenschappelijke ruimten zoals huiskamers bevinden zich op de koppen van het gebouw, met op de begane grond aan de Provenierssingel functies als fysiotherapie en een trefpunt voor buurtbewoners, waardoor verbinding met de wijk ontstaat. Alle deuren zijn automatisch. Het gebouw is toekomstbestendig: van twee woningen kan bijvoorbeeld één woning worden gemaakt.

Just behind Rotterdam Central Station, on the leafy Proveniers-singel, architect CANDICE DE ROOIJ — who specializes in architectural projects involving care needs — designed this residential care building for care provider Middin, intended for elderly people and those with disabilities. It replaces an older care home. In this design, care is made subordinate to living: everyone is entitled to their own home, separate from the care provision. There is also space for a sense of community, based on the idea that younger residents with disabilities can support the elderly.

The building includes a protected outdoor space in the form of a courtyard on the ground floor and a south-facing terrace on each level. The 50-square-metre flats are arranged along corridors encircling the courtyard, allowing plenty of natural light to enter. Communal spaces, such as living rooms, are located at the ends of the building, while the ground floor on the Provenierssingel side houses facilities like physio-therapy and a meeting point for local residents, fostering connection with the neighbourhood. All doors are automatic. The building is future-proof: for example, two flats can be combined into one larger unit if needed.

NATHALIE DE VRIES

MVRDV

NATHALIE DE VRIES (1965) is architect, stedenbouwkundige en medeoprichter van MVRDV, het internationaal gevierde architectenbureau dat ze in 1993 samen met Winy Maas en Jacob van Rijs opricht. Als de 'DV' in MVRDV is zij al vanaf het begin een van de visionaire krachten achter de ontwerpen van het bureau.

DE VRIES staat bekend om haar vernieuwende blik op architectuur en stedenbouw. Flexibiliteit en openheid vormen de rode draad in haar zoektocht naar nieuwe vormen van wonen, werken en samenleven. Haar ontwerpen variëren in schaal en vorm, maar hebben altijd oog voor de relatie met de omgeving en het publieke domein. Daarbij onderzoekt ze hoe hoogwaardige, levendige publieke ruimte en multifunctionele gebouwen elkaar kunnen versterken en zo bijdragen aan duurzame stedelijke ontwikkeling.

Een goed voorbeeld is de bibliotheek van Spijkenisse, Book Mountain (2012): een 'berg van boeken' die behalve bibliotheek ook dienstdoet als dorpsplein — een monument voor leesplezier en gemeenschapszin. Een ander sprekend project is Silodam in Amsterdam (2002), een woon-werkgebouw aan het IJ, ontworpen als een enorme ladekast. Elke 'lade' bevat een cluster van gelijksoortige woningtypes, wat leidt tot een rijke variatie aan typologieën, sferen en uitzichten binnen één gebouw. De gevel doet denken aan een volgeladen containerschip, en ook hier speelt publieke ruimte een hoofdrol: een publiek toegankelijke trap dwars door het gebouw verbindt de steiger met een openbaar terras aan het water.

In deze stadsgids zijn twee projecten van MVRDV opgenomen die zijn ontworpen door andere vrouwelijke architecten van het bureau (9 en 28). Wie toch werk van NATHALIE DE VRIES wil ervaren, hoeft echter niet ver te reizen: het Stedelijk Museum Schiedam. Voor dit museum ontwierp De Vries een uitnodigende entree en een eigentijdse museumwinkel. Daarmee activeert ze de monumentale gevel en stelt ze het museum letterlijk open naar de stad. Ook in dit project zijn de kernwaarden van DE VRIES zichtbaar: architectuur en publieke ruimte als aanjagers van stedelijke dynamiek en ontmoeting.

In haar stedenbouwkundige werk zet NATHALIE DE VRIES sterk in op hoge dichtheid en multifunctioneel ruimtegebruik. Ze werkt aan grootschalige stedelijke visies in internationale steden als Vancouver, San Francisco en Boston, maar ook dichter bij huis, in Nederland. Een mooi voorbeeld is Guided Growth, het strategisch kader dat DE VRIES met MVRDV ontwikkelde in opdracht van de Gemeente Groningen. Tijdens haar tijd als als stadsbouwmeester van die stad (2021–2023) werkte ze aan een toekomstvisie voor een levendig, gemengd en klimaatbestendig stadshart.

Als ontwerper zoekt DE VRIES actief de dialoog op — met opdrachtgevers, ontwerpteams, bewoners en gebruikers. Ze ziet architectuur niet als een object, maar als onderdeel van een groter sociaal en stedelijk systeem. Die visie draagt ze ook uit als hoogleraar en docent aan onder meer de TU Delft, TU Berlijn, Harvard GSD, IIT Chicago en de Kunstakademie Düsseldorf. Samen met MVRDV is haar werk meermaals bekroond, met onder andere de Amsterdamprijs, de Architizer A+ Award en de Red Dot Design Award, en ze werd benoemd tot Honorary Fellow van het American Institute of Architects en International Fellow van het Royal Institute of British Architects.

▪ ▪ ▪

NATHALIE DE VRIES (1965) is an architect, urban planner and co-founder of MVRDV, the internationally acclaimed architecture firm she established in 1993 alongside Winy Maas and Jacob van Rijs. As the 'DV' in MVRDV, she has been one of the visionary forces behind the firm's designs from the very beginning.

DE VRIES is known for her innovative approach to architecture and urban planning. Flexibility and openness are central to her ongoing exploration of new ways of living, working and coexisting. Her designs vary in scale and form, yet always pay close attention to their relationship with the surroundings and the public realm. She investigates how high-quality, vibrant public spaces and multifunctional buildings can reinforce one another, contributing to sustainable urban development. This city guide features two MVRDV projects designed by other female architects at the firm (9 and 28). Those wishing to experience her work needn't travel far: the Stedelijk Museum Schiedam is just around the corner.

For this museum, DE VRIES designed an inviting entrance and a contemporary museum shop. With this intervention, she activates the building's monumental facade and quite literally opens the museum to the city. The core values of DE VRIES are clearly reflected here: architecture and public space as catalysts for urban vitality and social encounter.

These core values are also evident in the Boekenberg library in Spijkenisse (2012): a literal 'mountain of books' that serves not only as a library but also as a village square — a monument to the joy of reading and a sense of community.

Another striking project is Silodam in Amsterdam (2002), a mixed-use residential and work complex on the IJ, designed to resemble a giant chest of drawers. Each 'drawer' contains a cluster of similar housing types, resulting in a rich variety of typologies, atmospheres and views within a single building. The facade evokes a fully loaded container ship, and once again, public space plays a key role: a public stairway cuts through the building, connecting the quay to an open terrace by the water.

In her urban planning work, NATHALIE DE VRIES places strong emphasis on high density and multifunctional use of space. She contributes to large-scale urban visions in international cities such as Vancouver, San Francisco and Boston, as well as closer to home in the Netherlands. A prime example is Guided Growth, the strategic framework DE VRIES developed with MVRDV for the Municipality of Groningen. During her time as city architect (2021–2023), she worked on this future vision for a vibrant, mixed-use and climate-resilient city centre.

As a designer, NATHALIE DE VRIES actively seeks dialogue — with clients, design teams, residents and users. She does not view architecture as a standalone object, but as part of a larger social and urban system. This vision also informs her work as a professor and lecturer at institutions such as TU Delft, TU Berlin, Harvard GSD, IIT Chicago and the Kunstakademie Düsseldorf. Together with MVRDV, her work has received numerous awards, including the Amsterdam Prize, the Architizer A+ Award and the Red Dot Design Award. She has also been named an Honorary Fellow of the American Institute of Architects and an International Fellow of the Royal Institute of British Architects.

Luchtpark Hofbogen 22

ELMA VAN BOXEL

Luchtpark Hofbogen, ontworpen door het Rotterdamse ZUS [Zones Urbaines Sensibles], is een innovatief voorbeeld van hergebruik van industrieel erfgoed. Bijna een eeuw lang functioneerde de Hofpleinlijn als een drukke spoorverbinding tussen Rotterdam en Den Haag-Scheveningen, en was het de eerste

2015
ZUS [Zones Urbaines Sensibles]

Raampoortstraat 10

elektrische spoorlijn van Nederland. Nu wordt het voormalige spoorwegviaduct getransformeerd tot een groen stadspark.

De Luchtsingel, eveneens ontworpen door ZUS, verbindt sinds 2014 het oude Hofpleinstation met het stadscentrum. Het uiteindelijke doel is om het hele viaduct om te vormen tot een doorlopende groene promenade. Het Luchtpark Hofbogen vormt de eerste stap in dit plan. Het ontwerp voor de park-uitbreiding is gemaakt door de Urbanisten, in samenwerking met DS landschapsarchitecten, De Dakdokters en met inbreng van buurtbewoners en ondernemers. Geïnspireerd door het polderlandschap rondom Rotterdam, combineert het park een boomgaard, weiland, rietbed en een speeldijk. Hergebruikte spoorwegonderdelen, zoals rails, portalen en een perron, versterken de historische identiteit. Het park biedt bezoekers ruimte om te ontspannen, picknicken of de tuin met fruitbomen en inheemse planten te verkennen. De blauwe speeldijk fungeert zowel als speelobject voor kinderen als relaxplek, terwijl het oude perron dient als openluchttheater.

▪ ▪ ▪

Luchtpark Hofbogen, designed by the Rotterdam-based firm ZUS [Zones Urbaines Sensibles], is an innovative example of reuse of industrial heritage. For nearly a century, the Hofpleinlijn operated as a busy rail link between Rotterdam and The Hague–Scheveningen, and was the first electric railway line in the Netherlands. Now, the former railway viaduct is being transformed into a green urban park.

The Luchtsingel, also designed by ZUS, has connected the old Hofplein Station with the city centre since 2014. The goal is to convert the entire viaduct into a continuous green promenade. The Luchtpark Hofbogen marks the first step in this plan. The design for the park's extension was created by De Urbanisten, in collaboration with DS Landscape Architects, De Dakdokters and with input from local residents and businesses.

Inspired by the polder landscape surrounding Rotterdam, the park combines an orchard, meadow, reed bed and a play-dike. Reused railway elements such as rails, gantries and a platform strengthen the site's historic identity. The park offers visitors space to relax, picnic or explore the garden with fruit trees and native plants. The blue play-dike serves both as a play structure for children and a place to unwind, while the old platform functions as an open-air theatre.

Lijnbaan 35-43 23

MARJOLEIN VAN EIG

Lijnbaan 35–43 is een ode aan de wederopbouwarchitectuur van Rotterdam. BureauVanEig renoveerde de gevel van vijf winkelpanden met oog voor de jaren vijftig-details. Geen rigoureuze vernieuwing, maar een verfijnde herinterpretatie. De oorspronkelijke luifel werd verwijderd waardoor de gevel

2019
BureauVanEig

Lijnbaan 35-43

weer volledig zichtbaar is. De karakteristieke smalle betonpenanten van de eerste verdieping zijn doorgetrokken tot de begane grond. De nieuwe plint is gemetseld in klassiek kettingverband met geglazuurde witte en grijze stenen, passend bij de bestaande gevel. De nieuwe stalen kozijnen hebben ranke profielen, zoals oorspronkelijk, maar zijn verfijnd met een messing accent.

Het resultaat is een rijk en ritmisch gevelbeeld dat het oorspronkelijke ontwerp versterkt. Dit blok vormt geen onderdeel van het rijksmonument Lijnbaan, maar eert wel dezelfde geest: een ingetogen en stijlvolle bijdrage aan de stad,

waarmee de kracht van de wederopbouwarchitectuur opnieuw zichtbaar wordt in het straatbeeld.

▪ ▪ ▪

Lijnbaan 35–43 is a tribute to the post-war reconstruction architecture of Rotterdam. Architecture firm BureauVanEig renovated the facade of five retail units with great attention to the original 1950s details — not through radical renewal, but through a refined reinterpretation. The original canopy was removed, revealing the full height of the facade once again. The distinctive narrow concrete mullions of the first floor have been extended down to the ground level. The new plinth is built in a traditional Flemish bond using glazed white and grey bricks, carefully matched to the existing facade. New steel window frames feature slender profiles reminiscent of the originals, subtly enhanced with brass detailing. The result is a rich and rhythmic facade that reinforces the essence of the original design. Although this block is not part of the Lijnbaan national monument, it reflects the same spirit: a modest yet elegant contribution to the city, making the strength of post-war architecture once again visible in the streetscape.

Stadswinkel Stadhuis Rotterdam 24

EVELYNE MERKX

De Stadswinkel maakt deel uit van een renovatieontwerp voor het totale Rotterdamse Stadhuis (H. Evers, 1920). Dit gebouw dat als een van de weinige het bombardement van 1940 overleefde, was na bijna 80 jaar trouwe dienst in 2009 dringend aan renovatie toe. De kwaliteiten van het Beaux Arts interieur

2018
Merk X ⁄
deMunnik-deJong
architecten

Coolsingel 40

waren steeds verder uit beeld geraakt door ad hoc toevoegingen en moderniseringen, maar ook door slijtage. Het totale interieur, inclusief burgerzaal, trouwzalen, Raadzaal en kantoren werd aangepakt. Als laatste kwam de Stadswinkel aan bod.

De originele ruimtelijke structuur met drie binnenhoven werd hier het uitgangspunt voor een nieuw interieur waarin de publieksbalies terugkeerden op hun centrale positie. Ze zijn ondergebracht in een centraal 'meubel' met rondom comfortabele wachtgebieden. Aan beide lange zijden zijn spreek- en werkplekken gerealiseerd, veelal in halfopen verbinding met

de hal. Evenals elders in het gerenoveerde stadhuis, waren ook hier de oorspronkelijke kwaliteiten, materialen, decoratie en ruimtelijke structuur met daglicht het uitgangspunt. Het resultaat: een ruimte waarin de burger met aanzien wordt ontvangen.

■ ■ ■

The Stadswinkel is part of a renovation project for the entire Rotterdam City Hall (H. Evers, 1920). One of the few buildings to survive the 1940 bombing, it had served the city faithfully for nearly eighty years before an urgent renovation was undertaken in 2009. Over time, the Beaux-Arts interior had been increasingly obscured by ad hoc additions, modernizations, and wear and tear. The entire interior, including the Citizens' Hall, wedding halls, council chamber and offices, was restored, with the Stadswinkel as the final phase of the project.

The original spatial structure, with its three inner courtyards, formed the basis for a new interior design, bringing the public counters back to their central position. These counters are now housed in a central 'furniture piece', surrounded by comfortable waiting areas. Along both long sides, meeting and workspaces were created, many of them semi-open and visually connected to the hall. As in the rest of the renovated City Hall, the focus was on restoring the original qualities, materials, decorations and spatial structure with natural light. The result is a space where citizens are received with the utmost respect.

Muziekwerf 25

FRANCA HOUG, JANNEKE VAN DER VELDEN

In het drukke stadscentrum, gelegen aan een stil water, ligt de Mennonietenkerk (1951). Deze voormalige doopsgezinde kerk, de laatste in Rotterdam, werd getransformeerd tot Muziekwerf, een locatie waar jongeren op alle niveaus muziek kunnen maken. Ze kunnen er oefenen en optreden. Tussen

2024
Powerhouse
Company

Haagseveer 4

de kerkzaal en het bijgebouw is een nieuw volume met dubbelzijdige entree aangebracht dat de twee bouwvolumes met elkaar verbindt.

Een circulaire aanpak laat zich zien in de muziekzaal — de vroegere kerkzaal — waar betonnen elementen en het orgel behouden bleven. In de kantoren en muziekstudio's van het bijgebouw zijn kerkbanken hergebruikt. Met een verwijzing naar het water is in de entree van de nieuwbouw een golvend plafond aangebracht van reflecterend materiaal. Zo vormt de entree de overgang van de drukke stad naar een plek die — ook na de transformatie — ruimte biedt voor contemplatie. Elke ruimte heeft een akoestische behandeling op maat ondergaan. In de grote zaal is bijvoorbeeld het stucwerk van het cassetteplafond vervangen door geluidsabsorberend materiaal en op vloer en wanden is hout aangebracht.

In the busy city centre, nestled beside a quiet canal, stands the Mennonite Church (1951). This former church — the last of its kind in Rotterdam — has been transformed into Muziekwerf, a space where young people of all levels can make music, rehearse and perform. A new volume with dual entrances has been inserted between the church hall and the annex, physically connecting the two parts of the building.

The project embraces a circular approach, evident in the main music hall — formerly the church sanctuary — where the concrete structural elements and the organ have been preserved. In the offices and music studios within the annex, original church pews have been reused. Referencing the nearby water, the entrance to the new addition features a wavy, reflective ceiling, creating a visual transition from the hectic urban environment to a place that still offers room for contemplation. Each space has been acoustically tailored. In the main hall, for example, the original plasterwork of the coffered ceiling was replaced with sound-absorbing material, while wood has been applied to both the floor and walls.

Delftsevaart 26

AYLA ROWAN STOMP

In het hart van Rotterdam, aan de Delftsevaart, staat een markant gebouw uit de wederopbouwperiode, ontworpen door Van Tijen en Maaskant. Ooit een kantoor, nu omgetoverd tot een woongebouw met een slimme uitbreiding op het dak. Deze optopping, ontworpen door JADE architecten, is onderdeel van

2021
JADE architecten

Delftsevaart 26

het gemeentelijke Licht Verdicht-programma, dat extra woningen in het centrum mogelijk maakt.

De nieuwe verdiepingen vormen een terugliggend volume dat het oorspronkelijke gebouw respecteert. De optopping heeft een eigen, bescheiden architectuur die niet met het bestaande gebouw concurreert. Door de ingetogen vorm en kleur valt de uitbreiding weg tegen de lucht, zodat de witte betonstructuur goed zichtbaar blijft. De gevel van het oorspronkelijke pand, met wit geglazuurde bakstenen, sierlijke stalen hekjes en houten kozijnen met stalen taatsramen, is zorgvuldig gerestaureerd om de karakteristieke jaren vijftig-uitstraling te behouden. Zo voegt de optopping niet alleen nieuwe woningen toe, maar draagt ze ook bij aan het behoud van de iconische Rotterdamse wederopbouwarchitectuur.

■ ■ ■

In the heart of Rotterdam, on the Delftsevaart, stands a striking building from the post-war reconstruction period, designed by Van Tijen and Maaskant. Once an office building, it has now been transformed into a residential complex with a clever rooftop extension. This addition, designed by JADE architects, is part of the municipal ‘Licht Verdicht’ programme, which enables the creation of additional housing in the city centre.

The new storeys form a recessed volume that respects the original structure. The rooftop extension has its own modest architecture, which does not compete with the existing building. Thanks to its restrained form and colour, the addition blends into the sky, allowing the white concrete structure to remain clearly visible. The facade of the original building — with its white glazed bricks, decorative steel railings and timber frames with steel pivot windows — has been carefully restored to preserve its characteristic 1950s appearance. In this way, the rooftop extension not only adds new homes, but also contributes to the preservation of iconic post-war Rotterdam architecture.

Touwslagerstraat 27

KOOS POT-KEEGSTRA

Het ontwerp voor deze woonflat werd in een besloten prijsvraag in het kader van het wederopbouwplan Kralingen gewonnen door het in Amsterdam gevestigde en in gemeenschapshuisvesting gespecialiseerde architectenechtpaar POT-KEEGSTRA. De 49 woningen waren bedoeld voor

Touwslagerstraat 27

1950
+ Joop Pot

Touwslagerstraat

alleenstaanden en kinderloze gezinnen. Het uit zes bouwlagen bestaande woongebouw heeft bergingen op de begane grond waardoor de vijf woonlagen uitsteken boven de hoger gelegen Oostzeedijk Beneden. De woningen worden ontsloten door galerijen aan de noordzijde van het gebouw. Aan de oostzijde bevindt zich de entree met hoofdtrappenhuis waar een portiersloge en een conciërgewoning waren ondergebracht. Aan deze zijde bevonden zich onder het zadeldak vier logeerkamers met gemeenschappelijke douche en toilet.

De soberheid van het exterieur kenmerkt de architectuurvisie van het echtpaar dat wars was van iedere overbodige decoratieve toevoeging. Zo dragen aan de zuidzijde loggia's in plaats van uitkragende balkons bij aan een vlakke gevelwand. Bij iedere woningopdracht stelde het echtpaar zich de vraag of het er zelf in wilde wonen, met als doelstelling goede, comfortabele woningen te bouwen. De woningen worden nu verhuurd aan doorverhuizers: studenten en starters die aan een baan beginnen.

■ ■ ■

The design for this residential block was selected through an invited competition as part of the post-war reconstruction plan for Kralingen. It was won by the Amsterdam-based architect couple Pot-Keegstra, who specialized in communal housing. The 49 homes were intended for single occupants and childless couples. The six-storey building features storage units on the ground floor, allowing the five residential levels to project out above the elevated Oostzeedijk Beneden. The flats are accessed via galleries on the north side of the building. The entrance and main staircase are located on the east side, where a porter's lodge and a caretaker's residence were also included. Beneath the pitched roof on this side were four guest rooms, with shared shower and toilet facilities.

The restrained exterior reflects the couple's architectural philosophy, which rejected unnecessary decorative elements. On the south side, recessed loggias instead of protruding balconies contribute to a flat facade. For every housing project, the couple asked themselves whether they would be willing to live there themselves — a principle that drove their aim to create good, comfortable homes. Today, the flats are rented out to 'through-movers': students and young professionals transitioning into their first jobs.

Markthal 28

RENSKE VAN DER STOEP

De Markthal staat op een plek met een rijke historie. Rond 1270 werd hier een dam in de Rotte gelegd waaruit de stad Rotterdam is ontstaan. In 1870 werd de Binnenrotte gedempt om plaats te maken voor het luchtspoor dat in 1993 werd vervangen door de Willemspoortunnel. Wat overbleef was het

2014
MVRDV

Ds. Jan
Scharpstraat 298

langgerekte marktplein met een opvallende collectie architec-tuur waaronder de Middeleeuwse Laurenskerk, Het Blaakse Bos (Piet Blom, 1984) en de Centrale Bibliotheek (Jaap Bakema en Hans Boot, 1983).

Daaraan werd in 2014 de Markthal toegevoegd, een hybride markthal en woongebouw met 126 appartementen waarvan een deel met uitzicht op de marktvloer. Het kreeg de gedaante van een reusachtige poort, aan weerskanten afgesloten door een glazen gevel. Het gebogen plafond is voorzien van het 11.000 m² grote kunstwerk Hoorn des Overvloeds (Arno Coenen en IRIS ROSKAM) waarop fruit, groenten en bloemen

te zien zijn. Van de 'kramen' op de marktvloer zijn ook de daken toegankelijk als terrassen. Roltrappen leiden naar ondergrondse verdiepingen waar een supermarkt en parkeergarage te vinden zijn.

■ ■ ■

The Markthal stands on a site with a rich history. Around 1270, a dam was built here in the River Rotte, marking the origins of the city of Rotterdam. In 1870, the Binnenrotte was covered over to make way for the elevated railway, which was later replaced in 1993 by the Willemspoortunnel. What remained was the elongated market square, featuring a striking collection of architecture, including the medieval Laurenskerk, the Cube Dwellings (Piet Blom, 1984) and the Central Library (Jaap Bakema and Hans Boot, 1983).

This ensemble was extended in 2014 with the Markthal — a hybrid between a market hall and a residential building, containing 126 apartments, some of which overlook the market floor. It took the shape of a massive arch, enclosed at both ends by glass facades. Its curved ceiling features the 'Hoorn des Overvloeds' ('Horn of Plenty'), an 11,000 m^2 artwork by Arno Coenen and IRIS ROSKAM, depicting fruit, vegetables and flowers. The roofs of some market stalls serve as accessible terraces, while escalators lead to underground levels housing a supermarket and a car park.

JAN KAMMER-KRET

Kammer-Kret

JAN (JANNE JOHANNA) KAMMER-KRET (1906–1984) groeit op in Rotterdam als dochter van een handelsbediende. Van 1918 tot 1923 zit ze op de Tweede H.B.S., waar wiskunde haar favoriete vak is. Wanneer ze zich aanmeldt bij de Technische Hogeschool Delft, blijkt ze de enige vrouwelijke student te zijn en kiest ze eerst voor een studie scheikunde. Maar haar hart ligt bij bouwen. Na anderhalf jaar stapt ze over naar bouwkunde, waar inmiddels zes vrouwelijke studenten zijn toegelaten. In 1931 studeert ze af als bouwkundig ingenieur.

Een jaar later trouwt ze met haar studiegenoot Harry Kammer (1902–1988), die op dat moment werkt bij het toonaangevende architectenbureau Brinkman en Van der Vlugt, bekend van de Van Nellefabriek. Het echtpaar vestigt zich in Schiebroek en start samen een architectenpraktijk aan huis. Die stap is niet alleen een logisch gevolg van hun gedeelde ambities, maar ook een praktische keuze: gehuwde vrouwen zijn uitgesloten van een overheidsbaan, en een gezamenlijke praktijk biedt JAN toch zicht op een carrière. Vooral in de vooroorlogse jaren werkt ze aan zowel eigen als gezamenlijke opdrachten. Tijdens de oorlog raakt het bureau betrokken bij de wederopbouwplannen van Rotterdam.

Hun samenwerking blijkt vruchtbaar. In het eerste jaar van hun praktijk, in 1933, doen JAN en Harry KAMMER-KRET mee aan een ontwerpprijsvraag voor een dorpskerk met pastorie in Groningen. Dit soort prijsvragen bieden beginnende architecten de kans ervaring op te doen en zichtbaarheid te krijgen. In aparte ruimten werken ze elk aan een eigen ontwerp. JAN wint met haar ontwerp Rust de tweede prijs en 75 gulden. Haar praktische plattegronden en sobere, maar voorname architectuur vallen op bij de jury. Het is het begin van een geëmancipeerde samenwerking.

In de jaren die volgen ontwerpt het architectenechtpaar onder andere een montessorischool in Schiebroek (1936) (18), waar hun vier dochters later zelf naar school gaan. De tekeningen uit die tijd tonen een gelijkwaardige samenwerking: ontwerpen worden onderling besproken, geparafeerd en van commentaar voorzien door zowel JAN als Harry.

Na de oorlog trekt JAN KAMMER-KRET zich steeds meer terug uit de praktijk. Ondanks hulp in huis krijgt de zorg voor het gezin de overhand. Haar rol verschuift van collega en architect met eigen opdrachten naar die van adviseur van haar echtgenoot. 's Avonds aan de gezinstafel bespreken ze de ontwerpschetsen van het bureau.

Opvallend is dat het Nieuwe Instituut lange tijd het archief van het architectenechtpaar Kammer-Kret enkel onder de naam van Harry bewaart. JANS opleidingstekeningen en hun gezamenlijke werk waren onder zijn naam ondergebracht, een treffende illustratie van de tijdgeest. Toch is haar invloed voelbaar en blijft haar werk bestaan. De montessorischool die zij mede ontwerpt, is nog altijd in gebruik. Dat zou haar, als voorvechter van functionele en duurzame architectuur, ongetwijfeld tevreden stemmen.

Deze tekst is gebaseerd op het uitvoerige onderzoek van ERICA SMEETS-KLOKGIETERS voor haar publicatie 'Hulde aan onze kranige architecte! De opkomst van de eerste vrouwelijke architecten van Nederland', 2023.

■ ■ ■

JAN (JANNE JOHANNA) KAMMER-KRET (1906–1984) grew up in Rotterdam as the daughter of a commercial clerk. From 1918 to 1923, she attended the Second HBS secondary school in Rotterdam, where mathematics was her favourite subject. When she applied to the Technische Hogeschool in Delft, she turned out to be the only female student and initially chose to study chemistry. But her passion lay in construction. After a year and a half, she switched to architecture, where six female students had already been admitted. In 1931, she graduated as an architectural engineer.

A year later, she married her fellow student Harry Kammer (1902–1988), who at that time was working at the leading architectural firm Brinkman and

Van der Vlugt, known for the Van Nelle Factory. The couple settled in Schiebroek and opened an architectural practice from home. This step was not only a logical result of their shared ambitions but also a practical choice: married women were excluded from government employment, and a joint practice still offered JAN a chance at a career. Especially in the prewar years, she worked on both individual and joint commissions. During the war, the firm became involved in the reconstruction plans for Rotterdam.

Their collaboration proved fruitful. In the first year of their practice, in 1933, JAN and Harry KAMMER-KRET took part in a design competition for a village church with a vicarage in Groningen. Such competitions offered starting architects the opportunity to gain experience and visibility. They each worked on their own design in separate rooms. JAN won second prize and 75 guilders with her design, entitled Rust. Her practical floor plans and sober yet dignified architecture caught the jury's attention. It marked the beginning of an emancipated partnership.

In the years that followed, the architect couple designed, among other things, a Montessori school in Schiebroek (1936) (18), which their four daughters later attended. The drawings from that period show an equal collaboration: designs were discussed, annotated and signed by both JAN and Harry.

After the war, JAN KAMMER-KRET gradually withdrew from the practice. Despite having help at home, caring for the family took precedence. Her role shifted from colleague and architect with her own commissions to that of adviser to her husband. In the evenings, they discussed the firm's design sketches at the family dinner table.

It is notable that for a long time, the Nieuwe Instituut kept the archive of the architect couple Kammer-Kret under Harry's name only. JAN's student drawings and their joint work were filed under his name, a telling illustration of the spirit of the times. Yet her influence is tangible and her work endures. The Montessori school that she co-designed is still in use today. That would no doubt satisfy her, as a proponent of functional and sustainable architecture.

This text is based on the extensive research by ERICA SMEETS-KLOKGIETERS for her publication 'Compliments to our brave architect! The Netherlands' First Women Architects', 2023.

Portalen 29

NEL KLAASSEN

PETRONELLA HÉLÈNE (NEL) KLAASSEN (1906–1989) was een vooraanstaande monumentaal beeldhouwer, schilder en mozaïekkunstenares. Ze gaf een kunstzinnige dimensie aan de wederopbouwarchitectuur van Rotterdam, met werk in de portalen van de bankgebouwen aan Blaak 34 en Blaak 40.

1950

Blaak 34,
Blaak 40

Bij de entree van het gebouw van de Nederlandsche Handelsmaatschappij, aan Blaak 34, creëerde KLAASSEN meerdere ornamenten. Op straatniveau zit in het bordes van de trappen een bronzen plaatreliëf met een afbeelding van Mercurius en Fortuna, de goden van handel en fortuin. In het midden van het reliëf staat het embleem van de Nederlandsche Handelsmaatschappij met het jaar 1824, het jaartal waarin koning Willem I de bank oprichtte. De bovenliggende luifel werd versierd met twee bronzen plastieken die lijken op zeemeerminnen, wat de symboliek van handel en de zee versterkt.

Aan de gevel van Blaak 40 ontwierp KLAASSEN verticale sierlijsten met dierenriemtekens die, door hun dynamische vorm, een gevoel van beweging geven. Boven de ingang zijn drie reliëfs van vogels geplaatst, die een typisch symbool zijn voor de wederopbouw en de hoop op een nieuwe toekomst.

▪ ▪ ▪

PETRONELLA HÉLÈNE (NEL) KLAASSEN (1906–1989) was a prominent monumental sculptor, painter and mosaic artist. She brought an artistic dimension to Rotterdam's post-war reconstruction architecture, with works featured in the entrances of the bank buildings at Blaak 34 and Blaak 40.

At the entrance of the Nederlandsche Handelsmaatschappij building at Blaak 34, KLAASSEN created several ornamental elements. Embedded in the stair landing at street level is a bronze relief depicting Mercury and Fortuna, the gods of commerce and fortune. At the centre of the relief is the emblem of the Nederlandsche Handelsmaatschappij, alongside the year 1824 — the year King William I founded the bank. Above, the canopy is adorned with two bronze sculptures resembling mermaids, reinforcing the symbolism of trade and the sea.

On the facade of Blaak 40, KLAASSEN designed vertical decorative strips featuring zodiac signs, whose dynamic forms convey a sense of movement. Above the entrance, three bird reliefs have been placed — a typical symbol of reconstruction and a hopeful new future.

The Muse 30.1, CasaNova 30.1

CARO VAN DE VENNE

Deze twee markante woontorens staan aan de Wijnhaven in het Maritiem District. In plaats van anonieme torenflats is hier de nadruk gelegd op een bewonersgemeenschap waar de 200 bewoners in contact met elkaar kunnen komen. De torens staan met elkaar in verbinding door een grote terrastuin, die

The Muse (l)
2020
+ Dirk Peters
Barcode
Architects

Wijnhaven 69

CasaNova (r)
2023
+ Dirk Peters
Barcode
Architects

Wijnhaven 65

nu eens niet op de bovenste, maar op de vijfde verdieping is gesitueerd waardoor de bewoners ook op straatniveau met de stad verbonden blijven. Hier zijn de gemeenschappelijke faciliteiten ondergebracht als gastenkamers, werkruimtes, fitness en een keuken.

Beide bouwvolumes hebben een opvallende architectuur. De noordelijke en zuidelijke gevelwand van The Muse wordt verlevendigd door verspringende balkons waardoor optimale lichttoetreding in de appartementen wordt bereikt. De antracietkleurige gevels aan de kopse kanten bieden met kleinere raamopeningen de nodige privacy.

The Muse maakt door de knik in het bouwvolume in feite plaats voor het ernaast gebouwde CasaNova. Deze slanke driehoekige woontoren biedt door zijn vorm optimale zichtlijnen en daglicht aan de omliggende gebouwen. De 'afgesneden' onderkant geeft extra ruimte aan de gemeenschappelijke terrastuin. Door de warm aandoende roodbruine panelen van natuursteen contrasteert CasaNova met het frisse grijswitte exterieur van The Muze. De plinten van beide torens huisvesten commerciële ruimten.

■ ■ ■

These two striking residential towers are located on the Wijnhaven in Rotterdam's Maritime District. Rather than creating anonymous high-rises, the architects focused here on fostering a sense of community among the two hundred residents, encouraging interaction and connection. The towers are linked by a large, shared terrace garden, unusually situated not at the top but on the fifth floor, keeping residents connected to the city at street level. This terrace also houses communal amenities such as guest rooms, workspaces, a gym and a shared kitchen.

Both buildings feature distinctive architectural designs. The north and south facades of De Muze are animated by staggered balconies, allowing for maximum daylight in the flats. The anthracite-coloured end facades, with smaller windows, offer more privacy.

A kink in the volume of De Muze creates space for the neighbouring CasaNova tower. CasaNova, a slender triangular high-rise, offers optimal sightlines and daylight for surrounding buildings due to its unique form. Its 'cut-away' base makes extra room for the communal garden terrace. Clad in warm reddish-brown natural stone panels, CasaNova contrasts with the crisp grey-and-white exterior of De Muze. The ground floors of both towers are occupied by commercial spaces.

Ibisbrug 31

MARJA HARING

Deze ophaalbrug voor langzaam verkeer overspant de Scheepmakershaven en verbindt de gelijknamige kade ter hoogte van de Wijnbrugstraat met de zuidelijke Hertekade. MARJA HARING, die gespecialiseerd is in brugontwerp, maakte het ontwerp. De stalen brug dankt haar naam aan de vorm van

2013
Gemeentewerken
Rotterdam

Scheepmakers-
haven

de hamei, het juk waarop de balans van de brug drukt. Deze doet denken aan de snavel van een Ibis. Bijzonder aan de hamei is dat deze één vloeiende constructie vormt en niet zoals gebruikelijk uit een aantal afzonderlijke elementen is opgebouwd.

De 45 meter lange brug heeft twee opritten (aanbruggen) van circa twaalf meter en een beweegbaar deel van circa elf meter. De hydraulische cilinder is onder de zuidelijke aanbrug aangebracht. In de zuidelijke kade bevindt zich de energievoorziening voor de bediening van de brug. Het verzinkte staal waaruit de brug is opgebouwd is onderhoudsvriendelijk en duurzaam, omdat het zink bescherming biedt tegen corrosie. HARING beschouwt de Ibisbrug qua kleur en draagconstructie als het broertje van de eveneens door haar ontworpen Puntbrug in de nabijgelegen Wijnhaven. Voor haar ontwerp voor de Ibisbrug ontving zij de Nationale Staalprijs 2012.

This bascule bridge for slow traffic spans the Scheepmakershaven and connects the quay of the same name, near Wijnbrugstraat, to the southern Hertekade. It was designed by MARJA HARING, a specialist in bridge architecture. The steel bridge takes its name from the shape of its 'hamei' — the yoke on which the bridge's counterweight rests — which resembles the beak of an ibis. What makes the 'hamei' particularly unique is that it forms a single, fluid structure, rather than being made up of separate elements as is usually the case.

The bridge measures 45 metres in length, with two approach ramps of about 12 metres each and a movable central section of roughly 11 metres. The hydraulic cylinder used to lift the bridge is located beneath the southern approach ramp. The power supply for the bridge's operation is housed in the southern quay. The bridge is constructed from galvanized steel, a low-maintenance and durable material, as the zinc coating provides protection against corrosion. HARING sees the Ibis Bridge as the sibling of her earlier Punt Bridge in the nearby Wijnhaven, both in terms of colour and structural design. For her work on the Ibis Bridge, she was awarded the National Steel Prize in 2012.

Clubhouse Boompjes 32

DO JANNE VERMEULEN

Deze twee woontorens liggen aan een drukke verkeersader, op de rechter Maasoever tussen de Nieuwe Maas en de Scheepmakershaven. Aanvankelijk werd één woontoren gepland, maar door het bouwvolume open te breken kan aanzienlijk meer licht de woningen bereiken, vooral op de

2025
Team V
Architectuur

Boompjes 60-68

lagere verdiepingen. Dit wordt nog eens versterkt doordat beide bouwvolumes schuin van elkaar weglopen. Hierdoor profiteren ook veel meer appartementen van de vergezichten over het water.

Door de splitsing van het bouwvolume konden ook meer hoekwoningen worden gecreëerd. De torens van 70 en 100 meter hoog zijn gestapeld. Het speelse effect hiervan wordt versterkt door afwisselend aangebrachte balkons en loggia's in de gevel. Tussen beide torens zijn daktuinen aangebracht, waarvan de grootste voor gemeenschappelijk gebruik is.

Het motto ‘delen’ is in meer facetten terug te vinden. Zo zijn er vriendenappartementen voor twee of drie personen met gelijkwaardige slaap- en badkamers en gedeelde woonkamer en keuken. De lobby van het ‘Clubhuis’ biedt gelegenheid om er te werken of koffie te drinken en er zijn elektrische auto’s en fietsen voor gezamenlijk gebruik. De plinten van het complex huisvesten winkels.

▪ ▪ ▪

These two residential towers are located along a busy traffic artery on the right bank of the River Maas, between the river and the Scheepmakershaven. Originally conceived as a single tower, the design was revised to split the building into two volumes. This not only allows significantly more natural light into the apartments — especially on the lower floors — but also improves sightlines and ensures that more homes benefit from views over the water. The effect is further enhanced by the way the towers angle away from each other.

The division of the building volume also made it possible to create a greater number of corner apartments. The towers, measuring 70 and 100 metres in height, feature a stacked composition, with a playful facade design that includes alternating balconies and recessed loggias. Between the towers, rooftop gardens have been created, with the largest intended for communal use.

The concept of sharing is a key theme throughout the project. For example, there are ‘friends’ apartments’ designed for two or three people, offering equal-sized bedrooms and bathrooms, along with a shared living room and kitchen. The Clubhouse lobby provides a welcoming space for working or enjoying a coffee and residents have access to shared electric cars and bicycles. The plinths of the complex house retail spaces.

Willemstoren 33

CHANTAL SCHOENMAKERS

Direct naast de Erasmusbrug staat de Willemstoren, een slanke woontoren met 76 appartementen, ontworpen door IWT en Studio for New Realities. De toren kenmerkt zich door een heldere vorm en robuuste materialisering met oog voor detail. Het gebouw is opgebouwd uit drie woonblokken, elk met een

2019
IWT / Studio for New Realities

Houtlaan 1

eigen oriëntatie: aan de voorzijde kijken de woningen uit over het Willemsplein en de Maas, met ruime balkons. De appartementen in de onderbouw zijn gericht op de Houtlaan, terwijl de woningen in het bovenste gedeelte uitzicht bieden op het Park. De verspringingen in de gevels geven de toren een herkenbaar silhouet en zorgen voor een optimalisatie van de lichtinval en uitzichten per appartement, zonder afbreuk te doen aan de geborgen woonervaring.

Op de begane grond fungeert de lobby als een collectieve huiskamer, terwijl op de zevende verdieping een gemeenschappelijke daktuin is gerealiseerd. Een diagonale

vluchttrap, vormgegeven als 'verticale straat', verbindt deze twee ontmoetingsruimten en stimuleert interactie tussen de bewoners.

▪ ▪ ▪

Directly beside the Erasmus Bridge stands the Willemstoren, a slender residential tower comprising 76 apartments, designed by IWT and Studio for New Realities. The tower is defined by its clear form and robust use of materials, with a keen eye for detail. The building consists of three residential blocks, each with its own orientation: at the front, the apartments overlook Willemsplein and the River Maas, complete with spacious balconies. The lower-level flats face Houtlaan, while those in the upper section offer views of the Park. The staggered facades give the tower a distinctive silhouette and optimize light and views for each apartment, without compromising the sense of comfort and privacy.

On the ground floor, the lobby functions as a communal living room, while the seventh floor features a shared rooftop garden. A diagonal emergency staircase, designed as a 'vertical street', links these two social spaces and encourages interaction among residents.

Kop van Zuid 34

RIEK BAKKER

Toen RIEK BAKKER in 1986 directeur werd van de Dienst Stadsontwikkeling stond ze voor de opgave de vastgelopen herontwikkelingsplannen voor de Kop van Zuid vlot te trekken. BAKKER had met de herstructurering van het voormalige desolate havengebied voor ogen om het onderdeel te maken

1991
Dienst
Stadsontwikkeling

Kop van Zuid

van het stadscentrum en gaf architect Teun Koolhaas opdracht een masterplan te ontwikkelen. Het plan werd in 1991 door de gemeenteraad vastgesteld.

Karakteristiek voor het gebied is het behoud van veel water: BAKKER torpedeerde eerdere plannen om de havens volledig te dempen met grond uit het tunneltracé. De haaks op elkaar liggende Wilhelminapier en het terrein ten zuiden van de Spoorweghaven, verbonden met het centrum door de Erasmusbrug (1990–1996), worden ingericht voor wonen, werken en recreëren. Enkele historische gebouwen zijn behouden, zoals het directiegebouw van de toenmalige Holland-Amerika Lijn (nu Hotel New York) op de Wilhelminapier. Hier verrijzen verschillende woontorens zoals Montevideo (36) en het nieuwe Luxor Theater. Het gebied langs de Spoorweghaven bevat onder andere de Rechtbank Rotterdam en de Hogeschool Inholland (39). RIEK BAKKER bleef nog twintig jaar als supervisor aan het project verbonden.

When RIEK BAKKER became Director of Urban Development in 1986, she faced the challenge of reviving the stalled redevelopment plans for the Kop van Zuid. With a vision to transform the former desolate harbour area into an extension of the city centre, Bakker commissioned architect Teun Koolhaas to develop a masterplan. The plan was approved by the city council in 1991.

A defining feature of the area is the preservation of its waterways. BAKKER decisively rejected earlier proposals to completely fill in the harbours using soil from the tunnel excavation. The Wilhelminapier, set perpendicular to the land south of the Spoorweghaven and connected to the city centre via the Erasmus Bridge (1990–1996), was reimagined as a vibrant zone for living, working and leisure. Several historic buildings were retained, including the former headquarters of the Holland-America Line (now Hotel New York) on the Wilhelminapier. The area is now home to residential towers such as Montevideo (36) and the New Luxor Theatre. The development along the Spoorweghaven includes major institutions like the Rotterdam Courthouse and Inholland University of Applied Sciences (39). RIEK BAKKER remained involved in the project as supervisor for another twenty years, ensuring continuity and commitment to the vision she set in motion.

De Rotterdam 35

ELLEN VAN LOON

De Rotterdam is een icoon van de stad en een van de meest opvallende gebouwen in de skyline. Ontworpen door het wereldberoemde architectenbureau OMA, met ELLEN VAN LOON als een van de hoofdarchitecten, werd het project in 1997 gestart en in 2013 voltooid. Het gebouw bestaat uit drie

2013
+ Rem Koolhaas,
Reinier de Graaf &
Kees van Casteren
OMA

Wilhelminakade
139

speels gestapelde torens die samen functioneren als een verticale stad. Met een hoogte van 150 meter en een totale oppervlakte van 162.000 m² is De Rotterdam het grootste multifunctionele gebouw van Nederland.

Binnen de drie torens bevinden zich kantoren, woningen, een hotel, winkels, restaurants en cafés. Dankzij deze mix van functies bruist het gebouw dag en nacht. De Rotterdam is strategisch gelegen naast de Erasmusbrug, in het voormalige havengebied van de Wilhelminapier. Het vormt een belangrijk onderdeel van de herontwikkeling van de Kop van Zuid (34), een ambitieus stedenbouwkundig project geleid door RIEK BAKKER. De naam 'De Rotterdam' verwijst naar een schip van de Holland-Amerika Lijn, dat vanaf de Wilhelminapier duizenden emigranten naar New York voerde.

▪ ▪ ▪

De Rotterdam is an icon of the city and one of the most striking buildings on the skyline. Designed by the world-renowned architecture firm OMA, with ELLEN VAN LOON as one of the lead architects, the project began in 1997 and was completed in 2013. The building consists of three playfully stacked towers that together function as a vertical city. At 150 metres tall and with a total floor area of 162,000 m², De Rotterdam is the largest multifunctional building in the Netherlands.

Inside the three towers are offices, residences, a hotel, shops, restaurants and cafés. Thanks to this mix of functions, the building is lively both day and night. De Rotterdam is strategically located next to the Erasmus Bridge, in the former harbour area of the Wilhelminapier. It plays a key role in the redevelopment of the Kop van Zuid (34), an ambitious urban planning project led by RIEK BAKKER. The name 'De Rotterdam' refers to a ship of the Holland-America Line, which once departed from the Wilhelminapier carrying thousands of emigrants to New York.

LOTTE STAM-BEESE

Dienst Stads-ontwikkeling

LOTTE (CHARLOTTE IDA ANNA) STAM-BEESE (1903–1988) was een baanbrekende stedenbouwkundige en de eerste vrouw in deze functie bij de Dienst Stadsontwikkeling van Rotterdam. Ze wordt geboren in het huidige Polen als dochter van een spoorwegbeambte en begint haar loopbaan in de wereld van kunst en ontwerp aan het Bauhaus in Dessau. Aanvankelijk studeert ze binnenhuisarchitectuur met een specialisatie in weefkunst. Vanaf 1927 valt deze afdeling onder leiding van Hannes Meyer (1889–1954), die STAM-BEESE ook in aanraking brengt met bouwkunde en fotografie. Twee jaar voor het behalen van haar diploma verlaat ze het Bauhaus voortijdig vanwege haar relatie met Meyer, die dan nog docent is en later directeur wordt. Na haar vertrek werkt STAM-BEESE aan verschillende architectuurprojecten in Berlijn, Moskou, Oekraïne, Brno en Amsterdam.
In 1934 trouwt ze met de Nederlandse architect Mart Stam (1899–1986), met wie ze het bureau Stam en Beese opricht. Samen werken zij aan diverse projecten, onder andere met architecten Willem van Tijen en Hugh Maaskant. Over hun taakverdeling bestaat onduidelijkheid. In een interview geeft ze aan meestal aan de tekentafel te zitten, terwijl Mart de besprekingen voert. Dat betekent echter niet dat haar werk puur uitvoerend is; ook aan de tekentafel kan zij creatief en scheppend bezig zijn. In een brief uit 1935, wanneer LOTTE tijdelijk in Duitsland verblijft, schrijft Mart dat hij 'een geschematiseerd arbeidsritme' met haar miste en dat hij wenste dat zij meer haar plaats naast hem aan de tekentafel zou innemen. Bovendien wilde hij dat hun werk niet uitsluitend van hem of van haar zou zijn. Dit duidt op zijn minst op een streven naar een nauwe en gelijkwaardige samenwerking.

Na hun scheiding in 1943 behoudt LOTTE de naam STAM-BEESE en bouwt ze een zelfstandige carrière op. In 1945 behaalt ze als tweede vrouw in Nederland haar diploma aan de VHBO-opleiding Bouwkunst. Dankzij steun van Van Tijen kan ze aan de slag bij de Dienst Stadsontwikkeling van Rotterdam.

Daar werkt ze tot haar pensioen in 1968 aan belangrijke uitbreidingswijken zoals Kleinpolder (1946–1952), Pendrecht (1948–1952) (45) en Het Lage Land (1961–1962).

Pendrecht geldt als een van STAM-BEESES bekendste en meest invloedrijke projecten. In samenwerking met architectenvereniging Opbouw past ze hier de 'wijkgedachte' toe: buurten waarin mensen hun hele leven kunnen wonen — van een jongere alleenstaande via een klein of groot gezin naar een seniorenbestaan. De wijk bestaat uit 'gestempelde' strokenbouw, met veel aandacht voor licht, lucht, groen en gemeenschapsvorming. Zo wordt Pendrecht een toonbeeld van modern en sociaal stedenbouwkundig denken.

Het werk van STAM-BEESE ademt de idealen van het Nieuwe Bouwen: functionaliteit, eenvoud en sociaalmaatschappelijk engagement. Haar samenwerking met Mart Stam en haar betrokkenheid bij vernieuwende kringen als De 8 leggen de basis voor haar loopbaan, waarin ze uitgroeit tot een zelfstandig en toonaangevend denker in een vakgebied dat dan nog grotendeels door mannen wordt gedomineerd.

Deze tekst is gebaseerd op het uitvoerige onderzoek van ERICA SMEETS-KLOKGIETERS voor haar publicatie 'Hulde aan onze kranige architecte! De opkomst van de eerste vrouwelijke architecten van Nederland', 2023.

■ ■ ■

LOTTE (CHARLOTTE IDA ANNA) STAM-BEESE (1903–1988) was a pioneering urban planner and the first woman in this role at the Department of City Development in Rotterdam. She was born in present-day Poland as the daughter of a railway officer and began her career in the world of art and design at the Bauhaus in Dessau. Initially, she studied interior architecture with a specialization in weaving. From 1927, this department was under the leadership of Hannes Meyer (1889–1954), who also introduced STAM-BEESE to architecture and photography. Two years before qualifying, she left the Bauhaus early on account of her relationship with Meyer, who was then still a lecturer and later became director. After her departure, STAM-BEESE worked on various architecture projects in Berlin, Moscow, Ukraine, Brno and Amsterdam.

In 1934 she married the Dutch architect Mart Stam (1899–1986), with whom she founded the firm Stam en Beese. Together they worked on various projects, including with architects Willem van Tijen and Hugh Maaskant. There is ambiguity regarding their division of tasks. In an interview, she states that she was usually at the drawing board, while Mart conducted the discussions. However, this does not mean her work was purely executional; she could also be creative and inventive at the drawing board. In a letter from 1935, when LOTTE was temporarily staying in Germany, Mart writes that he 'missed a schematized work rhythm' with her and wished she would more often take her place beside him at the drawing board. Moreover, he wanted their work not to be solely his or hers. This at least indicates a striving for close and equal collaboration.

After their separation in 1943, LOTTE retained the name STAM-BEESE and built an independent career. In 1945, she became the second woman in the Netherlands to qualify with a diploma from the VHBO Architecture programme. Thanks to the support of Van Tijen, she was able to start work at the Department of City Development in Rotterdam. There, she worked until her retirement in 1968 on major expansion districts such as Kleinpolder (1946–1952), Pendrecht (1948–1952) (45) and Het Lage Land (1961–1962).

Pendrecht is recognized as one of STAM-BEESE's best-known and influential projects. In collaboration with the architects' association Opbouw, she applied the 'neighbourhood concept' here: districts where people can live their entire lives – from a young single person to a small or large family, and into retirement. The neighbourhood consists of repeated strip buildings, with plenty of attention for light, air, green spaces and community building. Thus, Pendrecht became an exemplar of modern and socially conscious urban planning.

STAM-BEESE's work reflects the ideals of the Nieuwe Bouwen movement: functionality, simplicity and social engagement. Her collaboration with Mart Stam and her involvement in innovative circles such as De 8 laid the foundation for her career, in which she developed into an independent and leading thinker in a field still largely dominated by men.

This text is based on the extensive research by ERICA SMEETS-KLOKGIETERS for her publication 'Compliments to our brave architect! The Netherlands' First Women Architects', 2023.

Montevideo 36

FRANCINE HOUBEN

Dit gebouw dat in 2005 het hoogste woongebouw (152 meter) van Nederland was, staat op de kop van de Wilhelminapier, de plek waar ooit de oceaanstomers van de Holland-Amerika Lijn naar New York vertrokken. Het gebouw valt op door de verspringende en uitkragende volumes die 192 woningen

Montevideo 36

2005
Mecanoo

Otto Reuchlinweg
1008

huisvesten in 54 verschillende typen, plattegronden en verdiepingshoogten. In de plint zijn kantoren en restaurants ondergebracht. Het gebouw bevat ook een fitnessruimte, sauna en zwembad.

De 43 verdiepingen tellende toren refereert aan de New Yorkse wolkenkrabbers uit de jaren dertig van de vorige eeuw. Op de stalen structuur in Amerikaanse stijl van de plint staat een typisch Nederlandse betonnen constructie met daar weer een stalen constructie bovenop waarvan delen in het interieur zichtbaar zijn. De acht meter hoge M-windvaan op het dak verwijst uiteraard naar de eerste letter van de naam van het

gebouw: in dit havengebied droegen de pakhuizen ooit de namen van verre wereldsteden. Maar de M staat ook voor de maritieme traditie van de stad en de rivier de Maas.

■ ■ ■

This residential tower, which in 2005 was the tallest in the Netherlands (152 metres), stands at the tip of the Wilhelmina-pier — the spot from which the ocean liners of the Holland-America Line once departed for New York. The building stands out for its staggered and cantilevered volumes, which accommodate 192 homes in 54 different types, layouts and floor heights. The base contains offices and restaurants. The building also includes a gym, sauna and swimming pool.

The 43-storey tower is a nod to the New York skyscrapers of the 1930s. On top of the American-style steel structure of the base sits a typically Dutch concrete construction, topped again by a steel framework, parts of which remain visible in the interior. The eight-metre-high M-shaped weather vane on the roof naturally refers to the first letter of the building's name: in this port area, warehouses once bore the names of distant world cities. But the M also stands for the city's maritime tradition and the River Maas.

The View of Rotterdam 37

JOKE VOS

Dit prestigieuze nieuwbouwproject in de wijk Katendrecht maakt onderdeel uit van de ontwikkelingsplannen voor het Rijnhavendistrict waar wonen, horeca, winkels en kantoren samenkomen. Direct aan de Rijnhavenkade zijn inmiddels twee bouwvolumes verrezen: aan de westzijde het Bay House met

2025
Joke Vos Architecten

Rijnhavenkade

110 luxueuze appartementen en aan de oostzijde een vijfsterrenhotel met 188 kamers, een restaurant, conferentieruimten en wellnessfaciliteiten. Een voetgangersbrug op lobbyhoogte moet de verbinding leggen met het metrostation Rijnhaven. Het Bay House is voorzien van een eigen milieuvriendelijke aardwarmtebron. Met een oppervlakte van 1.000 m² is The Box het grootste woonappartement van de stad. De plinten van beide bouwvolumes van drie en vier lagen hoog hebben een commerciële bestemming.

Het uiterlijk van de gebouwen vertoont overeenkomsten met bestaande wandgebouwen van de Rotterdamse havenarchitectuur. De meeste balkons van het Bay House bevinden zich achter windverbanden in de vlakke wand, maar er kragen ook een aantal uit, als ontregelende knipoog in het gevelritme en verwijzend naar industriële laadplatforms. Een derde bouwvolume aan de zuidzijde, het Porter House, een 34 verdiepingen tellende woontoren, moet in 2029 worden opgeleverd.

This prestigious new-build project in the Katendrecht district is partially completed. It forms part of the development plans for the Rijnhaven district, where residential living is combined with hospitality, retail and office spaces. Two building volumes have already risen directly along the Rijnhavenkade: on the west side, the Bay House, featuring 110 luxurious apartments, and on the east side, a five-star hotel with 188 rooms, a restaurant, conference facilities and wellness amenities. A pedestrian bridge at lobby level is planned to connect the complex with Rijnhaven metro station. The Bay House is equipped with its own environmentally friendly geothermal heating source. With a surface area of 1,000 m^2, The Box is the largest residential apartment in the city. The plinths of both buildings, standing three and four storeys high, are designated for commercial use.

The architectural style of the buildings echoes that of existing linear dockside buildings in Rotterdam's harbour. Most balconies in the Bay House are recessed behind structural bracing within the flat facade, but a few protrude outward — a playful disruption of the rhythm, referencing industrial loading platforms. A third building volume to the south — the Porter House, a 34-storey residential tower — is scheduled for completion in 2029.

Pakhuis Santos 38

KARIN RENNER, KARIN WOLF

De eerste ideeën voor de transformatie van het koffiepakhuis Santos (J.P. Stok en J.J. Kanters, 1901) stamden al uit 2007. Toen het project na de kredietcrisis in 2016 weer werd opgepakt, bundelden WDJArchitecten en het Duitse Renner Hainke Wirth Zirn Architekten hun krachten. Aanvankelijk was dit in

2024
WDJARCHITECTEN/
Renner Hainke
Wirth Zirn
Architekten

Brede Hilledijk 95

opdracht van het Duitse Designwarenhuis Stilwerk, maar daarna van het Nederlands Fotomuseum dat het gebouw in 2023 verwierf.

Alle nieuwe voorzieningen en museuminstallaties werden geïntegreerd in een transformatieontwerp dat de architectuurhistorische kwaliteiten van het voormalige pakhuis omarmt. Buiten bepaalt de gemetselde gevel met laaddeuren en luiken het beeld, binnen de historische structuur van gietijzeren en betonnen kolommen met houten vloeren. Een nieuwe vide met centrale trappartij zorgt voor daglichttoetreding in het hart van het gebouw. Waar het oorspronkelijke daklandschap met sheddak, lierhuizen en naamsvermelding al bij eerdere ingrepen was verdwenen, kreeg het gebouw een nieuwe bekroning van geperforeerde platen van goudkleurige geanodiseerd aluminium, een luisterrijke nieuwe tijdlaag.

■ ■ ■

The first ideas for the transformation of the Santos coffee warehouse (J.P. Stok and J.J. Kanters, 1901) date back to 2007. When the project was resumed in 2016 after the financial crisis, WDJArchitecten and the German firm Renner Hainke Wirth Zirn Architekten joined forces. Initially, this was commissioned by the German design store Stilwerk, but later by the Nederlands Fotomuseum, which acquired the building in 2023.

All new facilities and museum installations were integrated into a design that embraces the architectural and historical qualities of the former warehouse. Externally, the brick facade with loading doors and shutters defines the building's character, while internally, the historic structure of cast iron and concrete columns with wooden floors dominates. A new atrium with a central staircase allows daylight to reach the heart of the building. Where the original rooftop landscape, featuring a sawtooth roof, winch houses and name signage, had already disappeared during previous alteration work, the building has now been crowned with perforated panels of gold-coloured anodized aluminium — a striking new layer in its evolving history.

Hogeschool Inholland 39

MONICA ADAMS, MAARTJE LAMMERS

Deze hogeschool (de voormalige Icthus Hogeschool) is gesitueerd op de Kop van Zuid aan de Rijnhaven. De opdracht was om de school vooral een open uitstraling te geven. Het geheel in glas en staal uitgevoerde gebouw van 20.000 m² meter moest flexibel in opzet worden om delen te kunnen verhuren

Hogeschool Inholland 39

2000
+ Erick van Egeraat
EEA

Posthumalaan 90

aan commerciële partijen. Het beschikbare terrein is optimaal benut met twee evenwijdige, door loopbruggen met elkaar verbonden vleugels. In de tussenliggende ruimte bevindt zich een atrium ter hoogte van het gebouw. De eerste drie bouwlagen huisvesten openbare ruimten als een kantine en studieplekken; de klaslokalen bevinden zich op de bovenste zes verdiepingen. Het heldere, in kobaltblauw gezeefdrukte glas waaruit het gebouw grotendeels bestaat beantwoordt aan de gevraagde transparantie van de opdrachtgever. Vanuit het atrium zijn de verschillende functies van het gebouw volkomen helder af te lezen. De glaswand aan de havenzijde biedt niet

alleen een wijds uitzicht over de haven, maar benadrukt ook de openheid van de school.

▪ ▪ ▪

This university building (formerly Ichtus Hogeschool) is located on the Kop van Zuid, overlooking the Rijnhaven. The brief called for a design that would project openness. The 20,000 m² structure, constructed entirely of glass and steel, had to be flexible in layout to allow parts of the building to be leased to commercial tenants.

The available site has been used to its fullest, with two parallel wings connected by pedestrian bridges. The space in between forms a full-height atrium. The first three floors house public areas such as the canteen and study spaces, while the classrooms occupy the upper six levels. The building's transparent appearance, achieved with clear cobalt-blue screen-printed glass, reflects the client's desire for openness. From within the atrium, the various functions of the building are clearly legible. The glass facade on the harbour side not only offers panoramic views across the Rijnhaven, but also reinforces the school's open and accessible character.

Hefkwartier 40

HELEN ZHANG

Het Hefkwartier is gelegen aan de zuidelijke oever van de Maas. De woonwijk ligt aan de toekomstige Willems-as, die de noord- en zuidoever van de stad direct verbindt met een brug in het verlengde van de Willemsbrug. Op deze plek stond vroeger de brouwerij van het Oranjeboom bier. De industriële

2024
INBO

Nassaukade

geschiedenis van de plek is nog altijd zichtbaar door de monumentale Hefbrug, het Entrepotgebouw en de Unilever-fabriek.

Het Hefkwartier omvat 200 appartementen en 98 eengezinswoningen. De architectuur is robuust aan de waterzijde met drie grote appartementenblokken en intiem aan de binnenzijde met eengezinswoningen met tuinen. De architectuurtaal is hedendaags met verwijzingen naar de vooroorlogse stad en het industriële karakter van het havengebied. Dit is terug te zien in het gevarieerde metselwerk en de betonnen sluitstenen boven de voordeuren. De kleurstelling en de motieven in het hekwerk refereren aan de Hefbrug en geven de wijk een eigen identiteit. De openbare ruimte is ingericht met Delftse stoepen, trappetjes met zitplekken en keukens aan de straat, waardoor de overgang tussen privé en openbaar wordt verzacht. De groene, autoluwe straten en een centraal plein bevorderen de ontmoeting tussen bewoners.

Het Hefkwartier is located on the southern bank of the River Maas. The residential neighbourhood sits along the future Willems Axis, which directly links the north and south banks of the city with a bridge extending from the Willemsbrug. This site was once home to the Oranjeboom beer brewery. The area's industrial past remains visible through landmarks such as the monumental Hef Bridge, the Entrepot building and the Unilever factory.

Het Hefkwartier comprises 200 apartments and 98 family homes. The architecture is robust on the waterside, with three large apartment blocks, and more intimate on the inside, where terraced houses open onto gardens. The architectural language is contemporary, with references to the pre-war city and the industrial character of the docklands. This is reflected in the varied brickwork and the concrete keystones above the front doors. The colour palette and the patterns in the fencing echo the Hef Bridge, giving the neighbourhood its own distinct identity. The public space is designed with Delft-style stoops, small staircases with seating areas and kitchens facing the street, softening the transition between private and public. The green, low-traffic streets and central square encourage interaction among residents.

Stadstuinen 41

IRMA VAN OORT

Stadstuinen van KCAP is een doordacht woonensemble op de Kop van Zuid, opgebouwd uit vijftien blokken met circa zeshonderd woningen, een basisschool, commerciële functies en groene binnenterreinen. De hogere woongebouwen markeren de hoeken van het gebied, terwijl lagere blokken

2002
KCAP

W.G.
Witteveenplein

daarachter zijn gegroepeerd. Het geheel oogt open en gelaagd: hoeken zijn transparant, gevels zorgvuldig uitgewerkt. Opvallend zijn de loggia's, wintertuinen en balkons die als losse volumes uitsteken en elke woning een eigen karakter geven. Sommige glazen loggia's dragen de galerijen, waardoor kolommen overbodig zijn — een elegante en lichte oplossing. De gevels tonen een genuanceerd spel van kleuren en texturen in baksteen, van paarszwart tot oranjerood, waarmee subtiel de overgang van de buitengevel naar het binnengebied wordt gemarkeerd. De basisschool vormt een architectonisch accent, met ruwe baksteen aan de straatzijde en hout aan de

pleinzijde. De twee openlucht klaslokalen met houten balustrades en trappen openen het gebouw naar het plein.

▪ ▪ ▪

Stadstuinen (City Gardens) by KCAP is a thoughtfully designed residential ensemble on the Kop van Zuid, composed of fifteen blocks containing around six hundred homes, a primary school, commercial spaces and green courtyards. Taller residential buildings mark the corners of the site, while lower blocks are grouped behind them. The overall layout feels open and layered: corners are transparent, facades are carefully detailed. Striking features include loggias, winter gardens and balconies, which protrude as individual volumes, giving each dwelling a distinct character. In some places, glass loggias support the access galleries, eliminating the need for columns — an elegant and lightweight solution. The facades present a subtle interplay of brick colours and textures, ranging from deep purple-black to orange-red, gently marking the transition from the outer facades to the inner courtyards.

The primary school acts as an architectural highlight, with rough brickwork facing the street and timber cladding on the courtyard side. Two open-air classrooms with wooden balustrades and staircases open the building towards the square.

De Kuil 42

RENSKE VAN DER STOEP

De Kuil is een nieuwbouwproject met 232 woningen, verdeeld over acht verschillende blokken. Het project combineert stedelijkheid met een beschutte, groene binnenwereld. De buitenkant oogt robuust en stedelijk, met bakstenen gevels die refereren aan de historische architectuur van

2025
Roffaa
architecture

Helen Suzmanhof
119

de Afrikaanderwijk. Hier wordt gespeeld met reliëf: het spel van uitkragende en terugliggende stenen geven diepte en textuur, waardoor het licht subtiel over de gevels valt.

Binnenin ontvouwt zich een totaal andere sfeer. Achter de bakstenen gevels ligt een beschutte groene vallei. Hier vormen de houten gevels een warm en natuurlijk contrast met de stedelijke buitenkant. De lichte houttinten en verticale lijnen versterken de organische beleving van de binnentuin. Daarnaast hebben de houten gevels ook een geluids-absorberende werking, wat de serene sfeer van de binnentuin vergroot. De hoogteverschillen bepalen de ruimtelijke ervaring

van De Kuil. De gebouwen vormen terrassen met daktuinen en beplanting die aflopen naar het groene hart. De glooiende paden en trappen nodigen bewoners uit voor een wandeling.

■ ■ ■

De Kuil is a new-build project comprising 232 homes, spread across eight distinct blocks. The development combines urban character with a sheltered green interior. The exterior has a robust urban appearance, with brick facades that reference the historic architecture of the Afrikaanderwijk. Relief is used creatively here: the interplay of protruding and recessed bricks adds depth and texture, allowing light to fall subtly across the facades.

Inside, a completely different atmosphere emerges. Behind the brick facades lies a secluded green valley. Timber facades provide a warm natural contrast to the urban exterior. Light wood tones and vertical lines enhance the organic feel of the inner garden. The timber also helps absorb sound, further contributing to the courtyard's serene atmosphere.

Variations in height shape the spatial experience of De Kuil. The buildings form terraces with rooftop gardens and planting that gradually slope towards the green heart. Winding paths and steps invite residents to take a leisurely stroll.

MARJA HARING

Gemeente-werken Rotterdam

2
2
3

In Rotterdam bestaat een lange traditie van stadsarchitecten. Voor de Tweede Wereldoorlog is Ad van der Steur (1893–1953) een van de belangrijkste, met ontwerpen als het Museum Boijmans Van Beuningen en de Maastunneltraverse. Na de oorlog moet de stad snel heropgebouwd worden en breidt de gemeente haar architectenpoule flink uit. Een bekende naam uit die periode is onder meer Wim Quist (1930–2022).

In 1990 wordt MARJA HARING (1957) als eerste vrouwelijke architect aangenomen bij het Ingenieursbureau Gemeentewerken Rotterdam. In deze functie met veel impact, maar weinig zichtbaarheid, levert zij een essentiële bijdrage aan de stad. HARING werkt aan een breed scala aan projecten in de openbare ruimte: van publieke gebouwen zoals scholen en metrostations tot bruggen, viaducten, geluidsschermen en straatmeubilair. Haar werk getuigt van een zorgvuldige omgang met de omgeving, grondige materiaalkennis en oog voor detail. Wie haar archief bekijkt, krijgt de indruk dat heel Rotterdam ooit op haar tekentafel heeft gelegen. Toch blijft haar naam, zoals die van veel ontwerpers in overheidsdienst, grotendeels onbekend.

Binnen de Gemeente Rotterdam zijn vrouwelijke ontwerpers lange tijd een uitzondering. Wel bieden de gemeentelijke diensten kansen aan vrouwelijke ontwerpers van de openbare ruimte en stedenbouwkundigen, in een sector die traditioneel door mannen wordt gedomineerd. De vaste aanstellingen, duidelijke werktijden en collectieve werkwijze maken het werk bovendien beter combineerbaar met zorgtaken, die vaak vanzelfsprekend op vrouwen neerkomen. MARJA HARING staat daarmee in een bredere traditie van vrouwelijke ontwerpers zoals ELIZABETH POOT, hoofd Stadsontwikkeling bij de Gemeente Rotterdam tussen 1975 en 2005, die onder andere de herontwikkeling van De Esch (49) leidt en LOTTE STAM-BEESE, stedenbouwkundig architect bij de Dienst Stadsontwikkeling en Wederopbouw, bekend van onder meer de opzet van Pendrecht (45). Net als POOT en STAM-BEESE bouwt HARING haar carrière niet op uitgesproken auteurschap, maar op langdurige betrokkenheid en maatschappelijke verantwoordelijkheid.

Een belangrijk onderdeel van HARINGS oeuvre zijn bruggen. Ze ontwerpt onder meer de Ibisbrug (2013) (31) op het Wijnhaveneiland, de VOC-brug bij het Zeemagazijn (2000), de Jonkersbrug nabij de Van Nellefabriek (1998), de Ringvaartplasbrug (1998), de Hoevebrug over de Spoorsingel (2012) en de bruggen in het Spinozapark (2011). In totaal ontwerpt zij zo'n honderd bruggen in Rotterdam — een bijna symbolische prestatie voor een vrouwelijke architect.

In 1993 speelt HARING een belangrijke rol bij de herontwikkeling van Station Blaak. Ze ontwerpt slimme stalen tafelconstructies voor de bovenleidingen en de golvende overkappingen van de tramhaltes, waarmee ze een belangrijke bijdrage levert aan het nieuwe knooppunt voor openbaar vervoer.

In 2013 start HARING haar eigen bureau en richt ze zich onder andere op woningbouwprojecten door het hele land. Twee woningen aan het Müllerhoofd, nummer 99 en 101, gebouwd in 2018 aan de kop van de Müllerpier langs de Maas, zijn voorbeelden van haar recente werk in Rotterdam.

▪ ▪ ▪

Rotterdam has a long tradition of city architects. Before the Second World War, Ad van der Steur (1893–1953) was one of the most prominent, with designs such as Museum Boijmans Van Beuningen and the Maastunnel river crossing. After the war, the city had to be rebuilt quickly, and the municipality significantly expanded its pool of architects. One well-known name from that period was Wim Quist (1930–2022).

In 1990, MARJA HARING (1957) became the first female architect to be appointed at the Engineering Department of Rotterdam's Municipal Works. In this role, which carried great impact but little visibility, she made an essential contribution to the city. HARING worked on a wide range of public space projects: from public buildings such as schools and metro stations to bridges, viaducts, noise barriers and street furniture. Her work demonstrated a careful approach to the environment, thorough material knowledge and an eye for detail. Anyone who looks through her archive gets the impression that all of Rotterdam had at some stage been on her drawing board. Yet her name, like that of many designers working in public service, remains largely unknown.

Within the Municipality of Rotterdam, female designers had long been an exception. Nevertheless, the municipal departments offered opportunities to female designers working in public space and urban planning, in a sector traditionally dominated by men. The permanent positions, clear working hours and collective approach also made the work more compatible with caregiving responsibilities, which often fell to women by default. In this context, MARJA HARING stood in a broader tradition of female designers such as ELIZABETH POOT, head of Urban Development at the Municipality of Rotterdam from 1975 to 2005, who led, among other things, the redevelopment of De Esch (49), and LOTTE STAM-BEESE, urban planner and architect at the Department of Urban Development and Reconstruction, known for the design of Pendrecht (45). Like POOT and STAM-BEESE, HARING did not build her career on pronounced authorship, but on long-term commitment and social responsibility.

An important part of HARING's work concerned bridges. She designed, among others, the Ibis Bridge (2013) (31) on Wijnhaveneiland, the VOC Bridge near the Zeemagazijn (2000), the Jonkers Bridge near the Van Nelle Factory (1998), the Ringvaartplas Bridge (1998), the Hoeve Bridge over the Spoorsingel (2012), and the bridges in the Spinoza Park (2011). In total, she designed around one hundred bridges in Rotterdam — an almost symbolic achievement for a female architect.

In 1993, HARING played an important role in the redevelopment of Blaak Station. She designed clever steel table structures for the overhead wires and the undulating canopies of the tram stops, making a significant contribution to the new public transport hub.

In 2013, HARING started her own firm, which focuses, among other things, on housing projects across the country. Two houses at Müllerhoofd, numbers 99 and 101, built in 2018 at the tip of the Müllerpier along the Maas, are examples of her recent work in Rotterdam.

Maashaven de Zuidpunt 43

JULIETTE BEKKERING

Maashaven de Zuidpunt telt 10.000 m² en is een multifunctioneel gebouw, waarvan Gemeente Rotterdam stadsdeel Feijenoord de hoofdbewoner is. Het gebouw ligt op een strategische plek met panoramisch uitzicht over de Maashaven en de skyline van Rotterdam. Ingebed tussen stoere havengebouwen

2004
Bekkering Adams
Architecten

Maashaven
Oostzijde, Paul
Krugerstraat

vormt het een sculpturaal volume dat naadloos aansluit op de bestaande stedelijke structuur. Het bouwvolume volgt de rooilijnen en toegestane hoogten van de locatie: van vier lagen aan de Herman Costerstraat tot een expressieve kop van zeven lagen aan de punt van de Maashaven, en schuinaflopend naar de aansluiting met het middenblok naar vijf lagen aan de Maashaven.

De zware, slangvormige bovenbouw is uitgevoerd in donker metselwerk en rust op een transparante glazen plint waarin de raadzaal, trouwzaal en publieksruimte zijn ondergebracht. Grote, omlijste kaders markeren deze functies in de gevel. Een trapeziumvormige hal met dubbelhoge ruimten snijdt het gebouw open en verbindt visueel de haven met de stad. Op de bovenste verdiepingen bevinden zich flexibele verhuurkantoren en zes appartementen met royale panoramavensters en uitzicht over het water.

Maashaven de Zuidpunt spans 10,000 square metres and is a multifunctional building, with the Feijenoord borough of the Municipality of Rotterdam as its main occupant. Located in a strategic position, it offers panoramic views over the Maashaven and the Rotterdam skyline. Embedded among robust port buildings, the structure takes on a sculptural form that integrates seamlessly with the existing urban fabric. The building mass follows the site's building lines and permitted height variations: four storeys along Herman Costerstraat, rising to a striking seven-storey corner at the tip of the Maashaven, and sloping down to five storeys where it connects with the central block along the quay.

The heavy, serpentine upper structure is clad in dark brickwork and rests on a transparent glass plinth that houses the council chamber, wedding hall and public service area. Large framed openings in the facade highlight these key functions. A trapezium-shaped hall with double-height spaces slices through the building, creating a visual link between the harbour and the city. The upper floors contain flexible office spaces for rent and six apartments with generous panoramic windows offering views across the water.

Gymzaal Tarwesterk 44

TESKE VAN ROYEN

Deze gymzaal voorziet in de opgave van de Gemeente Rotterdam om het tekort aan sportvoorzieningen in de Tarwe-wijk van Charlois aan te vullen. Het ontwerp van TESKE VAN ROYEN kwam tot stand in samenwerking met Franz Ziegler. De gymzaal is gepositioneerd in de nabijheid van een

2015
Artesk van Royen Architecten / Ziegler Branderhorst

Zwartewaalstraat 38

rijksmonumentaal schoolgebouw uit 1929 dat nog steeds in gebruik is.

De drie tegen elkaar geplaatste strakke en tamelijk gesloten bouwvolumes in licht metselwerk variëren in hoogte. De gymzaal en de kleedruimtes bevinden zich in het doosvormige volume. Het hogere smalle bouwdeel, in de as van de Zwartewaalstraat, dient als entree. De diepliggende, verticale raampartij van dit bouwvolume biedt vanuit de gymzaal zicht op de school. Een tweede 'verbinding' met de school vormt het laagste volume van het getrapte gebouw in de richting van het schoolplein. Ook in dit deel, dat dient als bergruimte, zorgen kleinere ramen door hun diepe ligging voor expressiviteit. Aan de kopse kant van dit lage volume — opvallenderwijs aan de achterzijde — is een gemetselde bank aangebracht waarop ouders op hun kinderen kunnen wachten. De naam van de gymzaal is door kinderen van de omliggende scholen bedacht.

■ ■ ■

This gymnasium addresses the City of Rotterdam's objective to reduce the shortage of sports facilities in the Tarwewijk neighbourhood of Charlois. The design by TESKE VAN ROYEN was developed in collaboration with Franz Ziegler. The gym is situated near a listed school building from 1929, which remains in use to this day.

The structure comprises three sleek and relatively closed volumes of light-coloured brickwork, placed against one another and varying in height. The gymnasium itself and the changing rooms are housed within the box-shaped volume. The taller, narrower section, aligned with Zwartewaalstraat, serves as the entrance. Its recessed vertical window offers a view from the gym towards the historic school building. A second 'connection' with the school is formed by the lowest volume of the stepped building, which extends towards the schoolyard. This section, used for storage, features small, deeply set windows that give the facade a sculptural expression. At the end of this low volume — notably at the rear of the building — a brick bench has been incorporated, providing a place for parents to wait for their children. The name 'Tarwesterk' was chosen by children from the surrounding schools.

Pendrecht 45

LOTTE STAM-BEESE

Als eerste vrouwelijke stedenbouwkundig architect bij de Dienst Stadsontwikkeling ontwierp LOTTE STAM-BEESE deze woonwijk in het zuiden van het stadsdeel Charlois. De aanleg van de wijk was primair bedoeld voor de gezinnen van havenarbeiders, werkzaam in de ten westen van de wijk gelegen

1952
Gemeente
Rotterdam

Pendrecht

Waal- en Eemhaven. Het ontwerp moest 25.000 bewoners huisvesten op ongeveer 112 hectare.

Pendrecht, genoemd naar het vroegere nabijgelegen ambachtsgebied, is opgebouwd uit zogenoemde wooneenheden, bedoeld voor verschillende bewonerscategorieën. Kleine en grote gezinnen en bejaarden moesten naast elkaar kunnen wonen. De gemengde bebouwing van verschillende woonlagen is in open stroken gegroepeerd rondom een gemeenschappelijke tuin, ter bevordering van de gemeenschapszin. Deze steeds herhaalde (gestempelde) wooneenheden die ten opzichte van elkaar zijn gespiegeld, vormen samen een buurt. De wijk bestaat uit vier van deze buurten, gelegen rond een centraal verkeersvrij plein, Plein 1953. Dit waren voor Nederland nieuwe stedenbouwkundige elementen. Scholen en winkels zijn deels in het centrum, deels gedecentraliseerd in het plan opgenomen. Zowel traditionele als moderne architecten gaven vorm aan de wijk.

▪ ▪ ▪

As the first female urban planning architect at the Rotterdam Department of Urban Development, LOTTE STAM-BEESE designed this residential neighbourhood in the southern part of the Charlois district. The primary aim of the development was to provide housing for dockworkers' families employed in the nearby harbours, the Waalhaven and Eemhaven, located to the west of the area. The design was intended to accommodate 25,000 residents across approximately 112 hectares.

Named after the historic local polder area, Pendrecht was structured around so-called 'wooneenheden' ('housing units'), each tailored to different types of residents. Small and large families, as well as elderly people, were meant to live side by side. The mixed housing typologies, consisting of varying building heights, were arranged in open rows around shared gardens to promote a sense of community. These repeated, mirrored units — a stamped layout approach — together form distinct neighbourhoods. Pendrecht comprises four such neighbourhoods, all situated around a central, car-free square: Plein 1953. These were pioneering urban design concepts for the Netherlands at the time. Schools and shops were included both in the central square and in decentralized locations throughout the plan. The architecture of the district is a blend of traditional and modern styles, contributed by various architects.

Valckensteyn 46

DAPHNE DELISSEN

Valckensteyn, ontworpen door Powerhouse Company, is het eerste woongebouw in Nederland dat grotendeels in hout is gerealiseerd. Dit twaalf verdiepingen tellende complex is gebouwd op de fundering van een gesloopte flat met dezelfde naam. Dankzij de lichte houten constructie kon de bestaande

2025
Powerhouse
Company

Burghsluissingel
50-216

fundering hergebruikt worden, waardoor materiaalgebruik en afval tot een minimum zijn beperkt.

Het gebouw combineert een betonnen begane grond en kern met elf verdiepingen in CLT (cross-laminated timber), ook wel kruislaaghout. Dit duurzame materiaal slaat CO_2 op en reduceert bouwafval met 40 procent ten opzichte van traditionele bouwmethoden. Door de modulaire opzet en het gebruik van houtverbindingen is Valckensteyn demontabel.

Valckensteyn integreert natuurinclusieve elementen, zoals vogel- en vleermuiskasten die in de gevel zijn verwerkt en een groene, parkachtige tuin. Door de vloer-tot-plafondramen kunnen bewoners genieten van de weelderige groene omgeving. En ook de royale balkons aan de westzijde bieden uitzicht op het park. De entreeplint is bekleed met travertin, een subtiele verwijzing naar de naoorlogse architectuur van de wijk.

Valckensteyn, designed by Powerhouse Company, is the first residential building in the Netherlands to be constructed largely from timber. This twelve-storey complex has been built on the foundation of a demolished apartment block of the same name. Thanks to the lightweight timber structure, the existing foundation could be reused, significantly reducing material consumption and waste.

The building combines a concrete ground floor and core with eleven storeys of solid timber construction, CLT. This sustainable material stores CO_2 and reduces construction waste by 40 per cent compared to traditional building methods. Due to its modular design and the use of timber joints, Valckensteyn is fully demountable.

Valckensteyn integrates nature-inclusive features, such as bird and bat boxes incorporated into the facade and a green, park-like garden. Floor-to-ceiling windows allow residents to enjoy the lush green surroundings. The generous west-facing balconies also offer views over the park. The entrance plinth is clad in travertine, a subtle nod to the post-war architecture of the neighbourhood.

De Zonnetrap 47

LUZIA HARTSUYKER-CURJEL

Al in 1967 wonnen LUZIA HARTSUYKER-CURJEL en Enrico Hartsuyker de prijsvraag voor dit seniorencomplex. Het gebouw werd een kleinschalige versie van Biopolis, hun ontwerp voor een satellietstad uit terrasvormige superstructuren in de Noordzee.

1980
+ Enrico Hartsuyker
Hartsuyker
Architecten B.V.

Molenvliet
204-640 /
Pythagorasweg
9-13

De Zonnetrap kreeg een terrasvormige gevel waarin 'beton brut' en begroeiing het beeld bepalen. Hier bevinden zich de seniorenwoningen met onderling verbonden terrassen en geïntegreerde betonnen plantenbakken. In het hart van het gebouw ligt een vriendelijke binnenwereld, uitgevoerd in wit en rood. Het is een collectief domein met vijver, zitjes en binnenstraten waar voorzieningen zoals een ontmoetingsruimte en praktijk voor fysiotherapie te vinden zijn.

De plattegronden van 179 een- en tweepersoonswoningen breken met woningbouwconventies. Rond een vaste kern met badkamer, wc en berging ligt een continu, flexibel in te delen ruimtelijk circuit waarvan delen naar wens afgesloten kunnen worden. Hoewel de realisatie van De Zonnetrap maar liefst dertien jaar in beslag nam, was het bij oplevering nog altijd een vernieuwend project. De bewoners vormen een hechte gemeenschap die het gebouw met liefde bewoont en beheert.

As early as 1967, LUZIA HARTSUYKER-CURJEL and Enrico Hartsuyker won the design competition for this housing complex for seniors. The building became a smaller-scale version of Biopolis, their vision for a satellite city composed of terraced superstructures in the North Sea.

De Zonnetrap also features a terraced facade, where ‘béton brut’ and greenery define its appearance. The senior apartments are located here, with interconnected terraces that incorporate built-in concrete planters. At the heart of the building lies an inviting interior space, designed in white and red, serving as a communal domain with a pond, seating areas and internal streets. This area houses various amenities, including a social gathering space and a physiotherapy practice.

The floor plans of the 179 one- and two-person apartments break with traditional housing conventions. Around a fixed core containing a bathroom, toilet and storage space, there is a continuous, flexible living zone, where sections can be enclosed according to individual preferences. Although the construction of De Zonnetrap took an astonishing thirteen years, it remained a pioneering project upon completion. Today, its residents form a close-knit community, living in and maintaining the building with great care and affection.

A.J. Schreuder School 48

MECHTHILD STUHLMACHER

Deze school voor kinderen met een verstandelijke beperking ligt in de wijk Lombardijen in Rotterdam-Zuid. Het gebouw bestaat uit twee met elkaar verbonden volumes van twee bouwlagen: één waarin een dubbele gymzaal is ondergebracht, het andere huisvest de leslokalen op de begane grond en

2013
Korteknie
Stuhlmacher
Architecten

Pythagorasweg 80

werkruimten voor de leerkrachten op de eerste verdieping. De situering van beide volumes in een hoek van het terrein creëert een grote, halfomsloten groene buitenruimte die voor de leerlingen de nodige rust biedt.

Het gebouw heeft een open karakter. Er is duidelijk onderscheid gemaakt in de type leslokalen bij hun situering. Zo liggen vakgerichte lokalen als de keuken en het kunstlokaal aan de straatruimte, wat de relatie met de maatschappij erbuiten versterkt. Leslokalen die meer raken aan de privacy van de leerlingen liggen aan de tuinzijde.

Veel aandacht is besteed aan daglichttoetreding, ook in de gymzaal waar je dat niet zozeer verwacht. Deze zaal bevat veel hout en akoestisch geteste toepassingen. De gehele plint van de school is betegeld. De zwart-wit patronen worden afgewisseld met kleurrijke mozaïektegels die door de leerlingen zelf zijn gemaakt.

This school for children with intellectual disabilities is located in the Lombardijen neighbourhood in Rotterdam South. The building comprises two interconnected two-storey volumes: one housing a double gymnasium, the other containing classrooms on the ground floor and workspaces for teachers on the upper floor. The positioning of both volumes on a corner of the site creates a large, semi-enclosed green outdoor space that provides a sense of calm and safety for the pupils.

The building has an open and welcoming character. A clear distinction was made in the placement of different types of classrooms. Subject-specific rooms such as the kitchen and art room are located on the street side, reinforcing the school's connection to the outside world. Classrooms requiring more privacy, due to the needs of the pupils, are situated facing the garden.

Special attention was paid to natural light, even in the gymnasium where one might not expect it. The gym features extensive use of wood and acoustically tested materials. The entire plinth of the school is tiled. Black-and-white patterns are interspersed with colourful mosaic tiles, created by the pupils themselves.

De Esch 49

ELIZABETH POOT

Ruim een eeuw lang haalde Rotterdam zijn drinkwater uit de Maas, gezuiverd in de imposante filterbakken van het DWL-terrein. Maar toen de stad in 1965 overstapte op water uit de Biesbosch, verloor het terrein zijn functie. De vraag rees: wat te doen met deze markante locatie?

1997
Gemeente
Rotterdam

De Esch

ELIZABETH POOT kreeg in 1979 de opdracht om het gebied om te vormen tot woonwijk, mét behoud van zijn industriële erfgoed. POOT was een vooruitstrevend stedenbouwkundige en stond bekend om haar innovatieve benadering van stedelijke transformaties. In haar plan behield ze de monumentale industriële gebouwen en maakte ze deze onderdeel van de wijk: de watertoren werd een restaurant, het pompgebouw een feestzaal en oude filterbakken vormden een centraal plein. Ze koos voor middelhoge bebouwing in overzichtelijke plandelen, waardoor architectuur en omgeving optimaal op elkaar afgestemd konden worden. POOTS aanpak in De Esch is een vroeg

en succesvol voorbeeld van herbestemming van industrieel erfgoed in Nederland.

■ ■ ■

For more than a century, Rotterdam drew its drinking water from the River Maas, purified in the imposing filter basins of the DWL site. But when the city switched to water from the Biesbosch tidal wetland area in 1965, the site lost its function. The question arose: what should be done with this remarkable location?

ELIZABETH POOT was commissioned in 1979 to transform the area into a residential neighbourhood, while preserving its industrial heritage. POOT was known for her innovative approach to urban transformation. In her plan, she retained the monumental industrial buildings and made them part of the neighbourhood: the water tower became a restaurant, the pumping station a venue for events, and the old filter basins formed a central square. She opted for mid-rise buildings in clearly defined sections, allowing architecture and surroundings to be carefully coordinated. POOT's approach in De Esch is an early and successful example of industrial heritage reuse in the Netherlands.

Ruiterbrug 50

NINKE HAPPEL

De Ruiterbrug voert vanuit het recreatiegebied Oranjebonnenpolder bij de Maeslantkering over het spoor van de Hoekse Lijn om een verbinding te maken met de recreatieve routes langs de Nieuwe Waterweg. De brug is bestemd voor wandelaars en fietsers, maar ook voor ruiters. Die laatste groep was een

2019
+ Floris Cornelisse
& Paul Verhoeven
Happel Cornelisse
Verhoeven
Architecten

Maeslantkering-
weg 125

■
■
■
■
■
■
■
■
■
■

belangrijke inspiratie voor de vormgeving van de Ruiterbrug die is gebaseerd op negentiende-eeuwse 'covered bridges' in de Verenigde Staten. Deze overdekte houten bruggen boden rondom bescherming tegen geluid en opspattend water en hadden het uiterlijk van een stal. Dit stelde paarden gerust zodat zij kalm en zonder dwang de brug betraden om de oversteek te maken. Dit principe leent zich ook goed voor een hedendaagse brug over het spoor. De Ruiterbrug kreeg een betonnen brugdek met een overkapping uit vier portalen van kruislings verlijmd hout. Een beschildering met grafietverf verleent het geheel een metaalachtige uitstraling waarop het binnenvallend

daglicht zacht weerkaatst. Het zadeldak zorgt voor het karakteristieke silhouet waarmee de brug zich hoog boven de polders aftekent tegen de horizon.

■ ■ ■

The Ruiterbrug connects the Oranjebonnenpolder recreation area near the Maeslantkering flood barrier with the network of leisure routes along the Nieuwe Waterweg, spanning the Hoekse Lijn railway line. Designed for pedestrians, cyclists and horse riders, the bridge takes particular inspiration from the latter group. Its design is based on nineteenth-century covered bridges in the United States, which were traditionally built to shield horses from noise and splashing water while resembling a stable — an environment that calmed them and allowed for a stress-free crossing. This principle lends itself well to a modern bridge over a railway. The Ruiterbrug features a concrete deck with a roof structure composed of four portals made of cross-laminated timber. A graphite paint coating gives the structure a metallic appearance, subtly reflecting natural light. The gabled roof creates the bridge's distinctive silhouette, making it a striking landmark that rises above the polder landscape and stands out against the horizon.

Het hele verhaal... Vrouwen in de architectuur

Wie door een willekeurig architectuurgeschiedenisboek bladert, zal vrijwel uitsluitend de namen van mannelijke architecten tegenkomen. Een veelgehoorde verklaring is dat er in de geschiedenis gewoon weinig vrouwelijke architecten zijn geweest. Maar het ligt ingewikkelder. Hoewel de kennis over vrouwelijke architecten groeit en hun bijdragen op steeds meer erkenning kunnen rekenen, zijn zij nog altijd ondervertegenwoordigd in de architectuurgeschiedenis en in de hedendaagse architectuur. De vraag is hoe dat komt, en hoe we kunnen werken aan een inclusievere architectuur en architectuurgeschiedschrijving.

CATJA EDENS

WIE IS ARCHITECT?

Sinds de jaren zeventig hebben onderzoekers en schrijvers zich er steeds meer op toegelegd vrouwelijke architecten en hun bijdragen op te duiken uit de geschiedenis. Literatuur, tentoonstellingen en initiatieven specifiek gewijd aan vrouwelijke architecten hebben door de jaren heen laten zien dat vrouwen in alle tijden hebben bijgedragen aan de architectuur. Toch zien we hun namen en de gebouwen die ze hebben ontworpen maar sporadisch terug in overzichtswerken en tentoonstellingen over architectuur en architectuurgeschiedenis. Op de een of andere manier blijven vrouwelijke architecten een aparte categorie die niet goed is in te passen in het grotere verhaal van de architectuur zoals we dat kennen.

Dit heeft vooral te maken met perspectieven en definities. Want wat verstaan we eigenlijk onder een architect en onder architectonisch ontwerpen? En waarop baseren we eigenlijk welke architecten en welke gebouwen een plek verdienen in geschiedenisboeken en overzichtswerken, en welke niet? Zoals in veel vakgebieden heeft ook in de architectuur de mannelijke vak-beoefenaar altijd gegolden als de vanzelfsprekende standaard. Deze mannelijke architect had meestal een opleiding gevolgd, was vervolgens zijn eigen bureau begonnen en had, met een netwerk van opdrachtgevers en collega-ontwerpers als basis, een oeuvre en naam kunnen opbouwen.

Dit alles was voor vrouwen in de architectuur veel minder vanzelfsprekend. Maatschappelijke conventies schreven voor dat vrouwen de zorg voor kinderen en huishouden op zich namen, wat een eigen carrière in de architectuur bemoeilijkte of onmogelijk maakte. Bovendien werden vrouwen op architectuuropleidingen, in bureaus en binnen professionele netwerken vaak niet serieus genomen, tegengewerkt en soms zelfs geweerd. Er golden allerhande vooroordelen over hun capaciteiten op het gebied van ontwerp en bouw. Daarnaast waren er regels en wetten die vrouwen benadeelden, zoals de onmogelijkheid een zakelijke lening af te sluiten om een eigen bureau te kunnen starten. Door dit soort omstandigheden en obstakels hebben vrouwen in de architectuur zich regelmatig genoodzaakt gezien om anders te werk te gaan dan mannen. En daarmee wijkt hun profiel vaak af van dat van hun mannelijke collega's. Dat is over het algemeen minder eenduidig, en kent meer variaties met bijvoorbeeld kleinere of andersoortige oeuvres, werk in allerlei samenwerkingsverbanden of combinaties met ander architectonisch werk dan ontwerpen. Daarmee passen vrouwelijke architecten minder goed in het grote verhaal van de architectuur zoals we dat kennen uit de architectuurgeschiedenisboeken, als een reeks historische creaties van individuele genieën. Het heeft tot gevolg dat vrouwelijke architecten en hun ontwerpen zich nog altijd meer in de marge van de architectuurgeschiedenis bevinden dan er middenin.

ANDERE ROUTES

Tot ver in de twintigste eeuw waren de omstandigheden voor vrouwen in de architectuur dus bijzonder ongunstig wat hen ertoe dreef allerlei strategieën te ontwikkelen om de obstakels op weg naar een leven als architect te ontwijken. Sommigen van hen kozen voor een route via het interieurontwerp, een vak dat associaties opriep met het huiselijke en het kleine en daarmee als passender werd gezien voor vrouwen. Een voorbeeld is CHARLOTTE PERRIAND die als interieurontwerper werk van historische betekenis verrichtte in de studio van Le Corbusier en zich vervolgens ook tot architect ontwikkelde. Ook EILEEN GRAY begon als interieurontwerper maar vestigde al snel haar naam met de beroemde villa E-1027, een modernistisch meesterwerk.

Een andere strategie verliep via het opdrachtgeverschap dat vrouwen een waardevolle ingang in het architectuurontwerp kon bieden. In haar boek 'Women and the Making of the Modern House' (1998) beschrijft ALICE T. FRIEDMAN hoe vrouwelijke opdrachtgevers actief betrokken waren bij het ontwerp van hun huizen. Zo ontwierp TRUUS SCHRÖDER met Gerrit Rietveld haar beroemde woonhuis in Utrecht, een samenwerking die de basis vormde voor daaropvolgende architectuurprojecten. Ook het combineren van verschillende rollen bood vrouwen een manier om zich krachtiger te manifesteren in de architectuur. Zo was de Poolse HELENA SYRKUS niet alleen architect maar ook secretaris en vertaler bij de CIAM waar ze een cruciale bijdrage leverde aan de verspreiding van het modernistisch gedachtengoed. MONICA PIDGEON, afgestudeerd als architect aan de Bartlett School of Architecture, is van historische betekenis door haar baanbrekende werk als redacteur van het tijdschrift 'Architectural Design'.

SAMENWERKINGEN EN COLLECTIEVEN

Kenmerkend voor de werkwijze van vrouwen in de architectuur zijn bovendien de vele vormen van samenwerking. Zij vonden allerlei manieren om de krachten te bundelen en daarmee sterker te staan, zich toegang te verschaffen tot rijkere netwerken en grotere opdrachten binnen te slepen dan een vrouwelijke architect in haar eentje zou kunnen. Soms kwam zo'n samenwerking tot stand via de liefde zoals in beroemde architectenkoppels als RAY en Charles EAMES, ALISON en Peter SMITHSON en HANNIE en Aldo VAN EYCK. In andere gevallen kozen vrouwelijke architecten (overigens net zoals veel van hun mannelijke collega's) voor een positie binnen een bureau om daar op te klimmen, zoals NATHALIE DE BLOIS bij bureau SOM. En er zijn ook interessante voorbeelden van architectuurcollectieven zoals het Spaanse Taller de Arquitectura waarin architect-componist ANNA BOFILL samenwerkte met onder anderen haar broer Ricardo Bofill. Daarvan zijn ook in Nederland beroemde voorbeelden zoals Mecanoo met FRANCINE HOUBEN en MVRDV met NATHALIE DE VRIES.

Deze samenwerkingsverbanden resulteren in vormen van collectief auteurschap die zich niet zo makkelijk laten opnemen in het groter verhaal van de architectuurgeschiedenis. Daarin draait het immers nog altijd om de namen van individuele architecten. Een enkele keer zien we de namen van koppels maar veel vaker gebeurt het dat de namen van vrouwelijke architecten zijn verdwenen achter die van hun mannelijke partners, collectiefgenoten of directeuren. Zo zijn de namen van Ricardo Bofill, Robert Venturi en Ludwig Mies van der Rohe in de architectuurgeschiedenis onbetwist, maar geldt dat veel minder voor die van hun ontwerppartners ANNA BOFILL, DENISE SCOTT BROWN en LILLY REICH. Dit doet deze architecten en de belangrijke bijdragen die zij aan de architectuur hebben geleverd te kort en het zorgt voor het eenzijdige beeld dat we in veel architectuurgeschiedenisboeken aantreffen.

In haar invloedrijke essay 'Room at the Top? Sexism and the Star System in Architecture' (1975) bekritiseerde DENISE SCOTT BROWN dit mechanisme vanuit haar eigen ervaringen. Robert Venturi, haar echtgenoot, was de grote naam die altijd genoemd werd en naar wie altijd gevraagd werd. Dit terwijl er sprake was van een gelijkwaardige samenwerking waarin beide architecten evenveel bijdroegen aan het werk van hun bureau. In haar essay beschrijft SCOTT BROWN een anti-feministische architectuurcultuur die geobsedeerd was met het idee van het mannelijke genie en vrouwen alleen in bijrollen kon zien. Het was Venturi die in 1991 de prestigieuze Pritzker Prize ontving met een architectonisch oeuvre dat ze samen hadden geproduceerd en zelfs een grootscheepse petitie in 2023, ondertekend door vele prominenten, heeft de jury niet doen terugkomen op dit besluit.

Behalve vrouwen doet dit grote verhaal van de architectuur ook de architectuurpraktijk zelf te kort. Ruimtelijk ontwerp is namelijk per definitie een collectieve onderneming waarin ontwerpers niet alleen onderling samenwerken maar waarin ook sprake is van grotere netwerken met opdrachtgevers en bouwers waarbinnen gebouwen tot stand komen. Bij de ontwikkeling van deze stadsgids viel het ons op dat de vrouwelijke architecten die wij benaderden sterk hechten aan dit collectieve auteurschap. Zij benadrukten telkens weer dat de bouwwerken waaraan hun naam verbonden is niet het werk zijn van een, maar dat van velen. In deze gids vind je daarom niet alleen de namen van de vrouwelijke architecten, maar ook die van de bureaus waaraan zij verbonden zijn. Verder is de rijke variatie aan ontwerpen en ontwerpdomeinen kenmerkend. Deze architectuurgids bevat niet alleen in het oog springende nieuwe woningbouw uit de 20e en 21e eeuw zoals de RVS-flat van WIL JANSEN (15) het

Woondok van LUZIA HARTSUYKER-CURJEL (1), en Montevideo van FRANCINE HOUBEN (36), maar ook bruggen zoals de Ibisbrug van MARJA HARING (31) en de Ruiterbrug van NINKE HAPPEL (50), transformaties zoals de Stadswinkel van EVELYNE MERCKX (24), Café Marseille van ALEXANDRA SONNEMANS en CATERINA VIGUERA (5), en gebiedsontwerp zoals het Museumpark van PETRA BLAISSE (8) of De Esch van ELIZABETH POOT (49). Het zijn namen die samen met de namen van hun bureaus en samenwerkingspartners hier een plek krijgen om daarmee het hele verhaal te vertellen van de architectuur van Rotterdam.

The Whole Story... Women In Architecture

Anyone flipping through a random architecture history book will encounter almost exclusively the names of male architects. A common explanation is that there have simply been few female architects throughout history. But the reality is more complex. Although knowledge about female architects is growing and their contributions are increasingly recognized, they remain underrepresented in architectural history and contemporary practice. The question is why this is the case and how we can work towards a more inclusive architecture and architectural historiography.

WHO IS AN ARCHITECT?

Since the 1970s, researchers and writers have increasingly focused on uncovering female architects and their contributions from history. Literature, exhibitions and initiatives specifically dedicated to female architects have shown over the years that women have contributed to architecture in all eras. Yet, their names and the buildings they designed are rarely featured in overviews and exhibitions on architecture and its history. In some way, female architects remain a separate category that does not fit well into the broader narrative of architecture as we know it.

This is largely due to perspectives and definitions. What do we actually understand by the term 'architect' and 'architectural design'? And on what basis do we decide which architects and buildings deserve a place in history books and overviews, and which do not? As in many fields, the male practitioner has always been considered the default standard in architecture. This male architect typically had formal training, started his own firm, and built a body of work and reputation with a network of clients and fellow designers.

All of this was far less straightforward for women in architecture. Social conventions dictated that women should take care of children and the household, making a career in architecture difficult or impossible. Additionally, women in architectural education, firms and professional networks were often not taken seriously, faced opposition, and were sometimes even excluded. There were numerous prejudices about their design and construction capabilities. Furthermore, rules and laws disadvantaged women, such as the inability to secure a business loan to start their own firm. Due to these circumstances and obstacles, women in architecture often had to work differently than men. As a result, their profiles frequently differ from those of their male colleagues, being less straightforward and featuring more variations, such as smaller or different types of portfolios, work in various collaborative settings, or combinations with other architectural work besides design. Consequently, female architects fit less neatly into the grand narrative of architecture as depicted in history books, which often portrays a series of historical creations by individual geniuses. This results in female architects and their designs remaining more on the margins of architectural history rather than at its centre.

OTHER ROUTES

Even late into the twentieth century, conditions for women in architecture were particularly unfavourable, driving them to develop various strategies to circumvent the obstacles on their path to a career in architecture. Some chose a route through interior design, a field associated with the domestic and the small-scale, and thus seen as more suitable for women. An example is CHARLOTTE PERRIAND, who began as an interior designer and created historically significant work in Le Corbusier's studio before also establishing herself as an architect. Similarly, EILEEN GRAY started as an interior designer but quickly made a name for herself with the famous Villa E-1027, a modernist masterpiece.

Another strategy involved commissioning, which offered women a valuable entry point into architectural design. In her book 'Women and the Making of the Modern House' (1998), ALICE T. FRIEDMAN describes how female clients were actively involved in the design of their homes. For example, TRUUS SCHRÖDER collaborated with Gerrit Rietveld to design her famous residence in Utrecht, a collaboration that laid the foundation for subsequent architectural projects.

Combining various roles also provided women with a way to assert themselves more strongly in architecture. HELENA SYRKUS, a Polish architect, was not only an architect but also served as secretary and translator for the CIAM, where she played a crucial role in spreading modernist ideas. MONICA PIDGEON, who graduated as an architect from the Bartlett School of Architecture, is historically significant for her groundbreaking work as editor of the journal 'Architectural Design'.

COLLABORATIONS AND COLLECTIVES

Another characteristic of women's approach in architecture is the variety of collaborative forms. They found numerous ways to join forces, thereby strengthening their position, gaining access to richer networks and securing larger commissions than a female architect could achieve alone. Sometimes such collaborations arose through love, as in famous architectural couples like RAY and Charles EAMES, ALISON and Peter SMITHSON and HANNIE and Aldo VAN EYCK. In other cases, female architects, like many of their male colleagues, chose to work within a firm to advance their careers, such as NATHALIE DE BLOIS at SOM. There are also interesting examples of architectural collectives, like the Spanish Taller de Arquitectura, where architect-composer ANNA BOFILL collaborated with her brother Ricardo Bofill, among others. Famous examples in the Netherlands include Mecanoo with FRANCINE HOUBEN and MVRDV with NATHALIE DE VRIES.

These collaborations result in forms of collective authorship that are not easily incorporated into the broader narrative of architectural history, which still revolves around the names of individual architects. Occasionally, we see the names of couples, but more often the names of female architects have disappeared behind those of their male partners, colleagues or directors. While the names of Ricardo Bofill, Robert Venturi and Ludwig Mies van der Rohe are undisputed in architectural history, the same cannot be said for their design partners ANNA BOFILL, DENISE SCOTT BROWN and LILLY REICH. This does not do justice to these architects and the significant contributions they have made to architecture, and it perpetuates the one-sided image found in many architectural history books.

In her influential essay 'Room at the Top? Sexism and the Star System in Architecture' (1975), DENISE SCOTT BROWN criticized this mechanism based on her own experiences. Robert Venturi, her husband, was the big name always mentioned and sought after, despite their balanced partnership where both architects contributed equally to their firm's work. In her essay, SCOTT BROWN describes an anti-feminist architectural culture obsessed with the idea of male genius and unable to see women in anything but supporting roles. It was Venturi who received the prestigious Pritzker Prize in 1991 for an architectural body of work they had produced together, and even a major petition signed by many prominent figures in 2023 did not persuade the jury to reconsider this decision.

Apart from women, this grand narrative of architecture also does a disservice to architectural practice itself. Spatial design is, by definition, a collective endeavour in which designers collaborate not just among themselves, but also within broader networks involving clients and builders through which buildings come into being. While developing this city guide, we noticed that the female architects we approached placed great value on this collective authorship. Time and again, they emphasized that the buildings associated with their names are not the work of one, but of many. For this reason, this guide includes not only the names of the female architects but also those of the firms with which they are affiliated. What also stands out is the rich variety of designs and design domains represented. This architecture guide features striking examples of modern housing from the twentieth and twenty-first centuries — such as the RVS apartment block by WIL JANSEN (15), the Woondok by LUZIA HARTSUYKER-CURJEL (1) and Montevideo by FRANCINE HOUBEN (36) — as well as bridges like the Ibis Bridge by MARJA HARING (31) and the

Ruiter Bridge by NINKE HAPPEL (50), renovation projects such as the Stadswinkel by EVELYNE MERCKX (24) and Café Marseille by ALEXANDRA SONNEMANS and CATERINA VIGUERA (5), and urban design projects like the Museumpark by PETRA BLAISSE (8) or De Esch by ELIZABETH POOT (49). These are names that, together with the names of their firms and collaborators, are given a place here — to tell the full story of Rotterdam's architecture.

CATJA EDENS

Bibliografie / Bibliography

BLAISSE, PETRA. 'Inside Outside'. Rotterdam: nai010 Publishers, 2009.

CARDOSO, FLORENCIA FERNÁNDEZ, and CATJA EDENS. 'Vrouwen in Architectuur: Documents and Histories'. Rotterdam: nai010 Uitgevers, 2023.

CARDOSO, FLORENCIA FERNÁNDEZ. 'How Wide Is the Gap? Evaluating Current Documentation of Women Architects in Modern Architecture History Books (2004–2014).' In 'MoMoWo: Women Designers, Craftswomen, Architects and Engineers between 1918 and 1945', 1st ed. Zalozba ZRC, 2017.

COLOMINA, BEATRIZ. 'Collaborations: The Private Life of Modern Architecture.' 'Journal of the Society of Architectural Historians' 58, no. 3 (September, 1999).

FRIEDMAN, ALICE T. 'Women and the Making of the Modern House'. New Haven, CT: Yale University Press, 2007.

GRIMES, S. E. 'Women in the Studios of Men: Gender, Architectural Practice, and the Careers of SOPHIA HAYDEN BENNETT and MARION MAHONY GRIFFIN 1870–1960'. Ann Arbor, MI: ProQuest LLC, 2007.

HANNEMA, KIRSTEN. 'Grensverleggend architect ELLEN VAN LOON dwong respect af en nam geen blad voor de mond.' 'De Volkskrant', September 11, 2024.

Heuvel, Dirk van den. 'Tussen binnen en buiten.' In 'OASE' #47. Rotterdam: nai010 Publishers, 1997.

JUNGSCHLEGER, INEKE. 'Een vrouw die bouwt, 't ziet er niet uit!' 'De Volkskrant', November 26, 1983.

Junte, Jeroen. 'Een gordijn is veel méér dan een lap stof voor het raam, weet ontwerper PETRA BLAISSE.' 'De Volkskrant', October 6, 2022.

KELLY, JESSICA. 'Anonymity and Hidden Mechanisms in Design and Architecture.' 'Architecture and Culture' 6, no. 1 (January 2, 2018).

Mens, NOOR, and Cor WAGENAAR. 'De architectuur van de ouderenhuisvesting: Bouwen voor wonen en zorg'. Rotterdam: nai010 Publishers, 2009.

NOCHLIN, LINDA, and CATHERINE GRANT. 'Why Have There Been No Great Women Artists?: 50th Anniversary Edition'. London; New York: Thames & Hudson, 2021.

OOSTERHOF, HANNEKE. "Want de grond behoort ons allen toe': Leven en werk van stedenbouwkundig architecte LOTTE STAM-BEESE.' Nijmegen: Vantilt, 2018.

PATTEEUW, VÉRONIQUE, and Christophe Van Gerrewey. 'OMA. The First Decade.' In 'OASE' #94. Rotterdam: nai010 Publishers, 2015.

PIT, MEREL. 'Mevr. De Architect: Vrouwelijke architecten en andere ontwerpers in de architectuur met visie en ambitie'. Amsterdam: AZINE, 2022.

Potters, Marcel, and PRISCILLA VAN AGTEREN. “Lekker rondjes rennen bij oma in de Zonnetrap.” ‘AD’, May 18, 2018.

Rössler, Patrick. ‘Bauhausmädels: A Tribute to Pioneering Women Artists’. Cologne: TASCHEN, 2019.

SCOTT BROWN, DENISE. ‘Room at the Top? Sexism and the Star System in Architecture.’ In ‘Architecture: A Place for Women’, edited by ELLEN PERRY BERKELEY and MATILDA MCQUAID. Washington: Smithsonian Institution Press, n.d.

Simon Thomas, MIENKE, and HANNEKE OOSTERHOF. ‘Nederland – Bauhaus: Pioniers van een nieuwe wereld’. Rotterdam: Museum Boijmans Van Beuningen, 2019.

SMEETS-KLOKGIETERS, ERICA. ‘Hulde aan onze kranige architecte! De opkomst van de eerste vrouwelijke architecten van Nederland’. Rotterdam: nai010 Uitgevers, 2023.

Straus, Cees. ‘LUZIA HARTSUYKER ziet goed huis als een spijkerbroek.’ ‘Trouw’, April 27, 1991.

TORRE, SUSANA, ed. ‘Women in American Architecture: A Historic and Contemporary Perspective’. 1st ed. New York: Watson-Guptill Publications, 1977.

Van der Gaag, Stef. ‘De Kruisplein-prijsvraag.’ In ‘OASE’ #4. Rotterdam: nai010 Publishers, 1982.

Wright, Herbert. ‘Mecanoo: People Place Purpose Poetry’. Rotterdam: nai010 Publishers, 2023.

‘Flat werkende vrouwen nu bijna geheel bezet.’ ‘Het Vrije Volk’, May 13, 1958.

‘Bouw niet langer alleen voor gezin.’ ‘Het Vrije Volk’, February 1, 1985.

Online bronnen / Sources

(Accessed May 7, 2025)

Architectenweb. https://architectenweb.nl/projecten

Architectuurgids. https://www.architectuurgids.nl/page/home

Architectuur Maken. https://architectuurmaken.nl/projecten/zelfbouw-rotterdam/

Artesk van Royen Architecten. https://www.artesk.nl/gymzaal-tarwesterk

Bekkering Architects. https://www.bekkeringarchitects.nl/projects/27/mixed-use-maashaven

Bonas. https://bonas.nl/

BureauVanEig. https://bureauvaneig.nl/project/lijnbaan/

Buurtcollectief De Esch. https://www.buurtcollectiefdeesch.nl/about/

DaF architecten. https://www.dafarchitecten.nl/projecten/essenburgpark/

Essenburgpark. https://www.essenburgpark.nl/

Erick van Egeraat. https://erickvanegeraat.com/archives/project/inholland-university

Happel Cornelisse Verhoeven Architecten. https://hcva.nl/werk/ruiterbrug

Hulshof Architecten. https://www.hulshof-architecten.nl/portfolio/voc-zeemagazijn-delfshaven-wonen-in-een-rijksmonument

Inbo. https://inbo.com/nl/projects/hefkwartier-rotterdam/
Inside Outside. https://www.insideoutside.nl/Museumpark-Rotterdam
Instabilitywetrust. https://www.iwt.io/willemstoren/
Jade Architecten. https://jadearchitecten.nl/portfolio/transformatie-kantoor-rotterdam/
JOKE VOS. https://jokevos.nl/projecten-2/the-view-of-rotterdam/
KAW Architecten. https://www.kaw.nl/projecten/woonzorggebouw-provenier-rotterdam/
KCAP. https://www.kcap.eu/news/930/irma-van-oort-interviewed-about-the-redevelopment-of-the-piekstraat-in-rotterdam-
Kortekni̇e Stuhlmacher Architecten. https://ksa.nl/projecten/a-j-schreuderschool
Lagado Architects. https://lagadoarchitects.com/portfolio/zwaanshals-witte-zwaanhof-and-zaagmolenstraat/
LAURA WEEBER Architecten. https://lauraweeber.nl/
MARJA HARING. https://marjaharing.nl/
Mecanoo. https://www.mecanoo.nl/Projects
Merk X. http://merk-x.nl/openbare-gebouwen/stadswinkel-centrum-stadhuis-rotterdam/
MVRDV. https://www.mvrdv.com/projects
Nieuwe Instituut. https://nieuweinstituut.nl/
Nudus. https://nudus.eu/projects/
OMA. https://www.oma.com/projects
Planet Lab Architecture. https://www.planetlabarchitecture.com/pla/site/project/item/559
Powerhouse Company. https://www.powerhouse-company.com/muziekwerf
Powerhouse Company. https://www.powerhouse-company.com/valckensteyn
Robbrecht en Daem. https://robbrechtendaem.com/projects/boijmans-van-beuningen?tag=1
Roffaa Architecture. https://roffaa.nl/projects/leeuwenkuil/
Rotterdam Architectuurprijs. https://www.rotterdamarchitectuurprijs.nl
Rotterdam Woont. https://rotterdamwoont.nl/bibliotheek/de-esch-dwl-terrein/
Stadsarchief Rotterdam. https://stadsarchief.rotterdam.nl/zoek-en-ontdek/themas/kop-van-zuid/kop-van-zuid/
Studio Abacaxi. https://studioabacaxi.com/tollensstraat
Studio Selva. https://www.studioselva.nl/westersingelbrug/
Team V. https://teamv.nl/project/boompjes-60-68/
Van Herk & De Kleijn. https://www.vanherkdekleijn.nl/
Vitibuck Architects. https://www.vitibuck.com/paviljoen-vroesenpark-2/
WDJA Architecten. https://www.wdjarchitecten.nl/projecten/santos/
ZUS. https://zus.cc/projects/luchtpark-hofbogen

Biografieën / Biographies

SOFIE VAN BRUNSCHOT is een architect uit Rotterdam en de oprichter van Gebouwen door Vrouwen. Ze studeerde architectuur aan de TU Delft en werkte daarna bij verschillende architectenbureaus. Momenteel is ze werkzaam als programmamaker bij AIR Architectuur Instituut Rotterdam. In haar vrije tijd werkt ze aan haar 'uit de hand gelopen hobby' Gebouwen door Vrouwen, gaat ze graag naar De Kuip of met vrienden op pad om de verborgen parels van de Nederlandse architectuur te ontdekken.

SOFIE VAN BRUNSCHOT is a Rotterdam-based architect and the founder of Gebouwen door Vrouwen ('Buildings by Women'). She studied architecture at Delft University of Technology and went on to work at several architectural firms. She currently works as a programme curator at AIR, the Architecture Institute Rotterdam. In her free time, she devotes herself to Gebouwen door Vrouwen — a passion project that has grown beyond a hobby. She also enjoys visiting De Kuip football stadium and exploring hidden gems of Dutch architecture with friends.

LOES VAN DUIJVENDIJK is een Rotterdamse architectuurfotograaf. Haar werk verkent de stad op een visuele, intuïtieve manier en nodigt uit om de stedelijke omgeving met nieuwe ogen te zien. Ze werkt zowel autonoom als in opdracht voor architecten, uitgeverijen en culturele instellingen. Haar foto's zijn terug te vinden in diverse publicaties, variërend van boeken tot tijdschriften.

LOES VAN DUIJVENDIJK is an architecture photographer based in Rotterdam. Her work explores the city in a visual and intuitive way, inviting viewers to see the urban environment through fresh eyes. She works both independently and on commission for architects, publishers and cultural institutions. Her photographs appear in a wide range of publications, from books to magazines.

SARA DUISTERS is projectleider bij nai010 uitgevers. Ze studeerde Kunstgeschiedenis (BA) en Neerlandistiek (MA) aan de Universiteit van Amsterdam. Haar bachelorscriptie over naoorlogse experimenten met polyester architectuur bewerkte ze in 2023 tot het artikel 'Kunststof dromen' gepubliceerd in het Bulletin KNOB. Tijdens de Master Redacteur/editor hield ze zich bezig met de mogelijkheden die taal biedt om de architectuur- en kunstgeschiedenis voor een breed publiek toegankelijk te maken.

SARA DUISTERS is a project manager at nai010 publishers. She studied Art History (BA) and Dutch Language and Culture (MA) at the University of Amsterdam. Her bachelor's thesis on post-war experiments with polyester architecture was adapted into the article 'Plastic Dreams', published in 2023 in the 'KNOB Bulletin'. During her Master's in Editing, she focused on how language can be used to make architectural and art history accessible to a wider audience.

Architectuurhistoricus CATJA EDENS is geïnteresseerd in ruimtelijk ontwerp als breed fenomeen, verbonden met vraagstukken op het gebied van samenleving, cultuur, klimaat, bestuur en meer. Zij is werkzaam als schrijver, onderzoeker, projectleider en docent aan de TU Delft en de Rotterdamse Academie van Bouwkunst. Al jaren heeft ze het jurytraject en juryrapport van de Rotterdam Architectuurprijs onder haar hoede. Van 2018 tot 2021 was zij research fellow binnen het lectoraat Future Urban Regions en nu werkt zij aan haar PhD. onderzoek 'And the rest is history. On the archival representation of women in architecture'. In 2023 was EDENS lid de redactie van 'Vrouwen in Architectuur' (nai010 uitgevers).

Architectural historian CATJA EDENS is interested in spatial design as a broad phenomenon, connected to issues of society, culture, climate, governance and more. She is an author, researcher, project director and an eduactor at Delft University of Technology and the Rotterdam Acadamey for Architecture. Since many years she has been in charge of the jury proceedings and jury report of the Rotterdam Architecture Prize. From 2018 to 2021 she was a research fellow in the Future Urban Regions research group and currently she is working on her PhD. project 'And the rest is history. On the archival representation of women in architecture'. In 2023 EDENS was a member of the editorial board of 'Women in Architecture' (nai010 publishers).

SASKIA VAN DER MEER is een Duits-Nederlandse ontwerper en docent met een interdisciplinaire praktijk tussen Rotterdam en Keulen. Haar werkveld ligt binnen het grafisch ontwerp, met een sterke fascinatie voor (onleesbare) typografie, editorial design, posters en visuele identiteiten. Daarnaast haalt ze inspiratie uit geluid, film/animatie en performance, die ze op experimentele wijze verkent en integreert in haar ontwerppraktijk. Deze interesses voeden haar ruimtelijke installaties en artistiek onderzoek. Een van haar favoriete plekken in Rotterdam is het paaltjesmuseum aan de Heemraadssingel, een charmante en eigenzinnige plek die goed past bij haar liefde voor onverwachte visuele verhalen.

SASKIA VAN DER MEER is a German-Dutch designer and educator with an interdisciplinary practice based between Rotterdam and Cologne. Her work focuses on graphic design, with a strong interest in (illegible) typography, editorial design, posters and visual identities. She draws inspiration from sound, film/animation and performance, which she integrates into her design practice in experimental ways. These interests inform her spatial installations and artistic research. One of her favourite spots in Rotterdam is the quirky Paaltjesmuseum on the Heemraadssingel — a charming and idiosyncratic spot that perfectly reflects her love of unexpected visual stories.

LAURENCE OSTYN studeerde kunstgeschiedenis aan de Universiteit Gent en journalistiek aan de Vrije Universiteit Brussel. Ze is kunst- en architectuurhistoricus en werkt sinds 2019 als uitgever bij nai010 uitgevers in Rotterdam. In haar werk streeft ze ernaar de zichtbaarheid van onderbelichte stemmen in de kunst- en architectuurwereld te vergroten. Zo was ze initiator van de publicatie en het programma 'Vrouwen in architectuur' en van de heruitgave van 'Vrouwen in de vormgeving in Nederland 1880–1940' van MARIAN GROOT.

LAURENCE OSTYN studied Art History at Ghent University and Journalism at the Free University of Brussels. She is an art and architectural historian and has been working as an editor at nai010 publishers in Rotterdam since 2019. In her work, she is committed to amplifying underrepresented voices in the worlds of art and architecture. She initiated the publication and accompanying programme 'Women in Architecture', as well as the reissue of 'Women in Design in the Netherlands 1880–1940' by MARIAN GROOT.

ERICA SMEETS-KLOKGIETERS is zelfstandig onderzoeker op het gebied van architectuurgeschiedenis. Na een loopbaan in de toeristen- en horecabranche besloot zij haar eigen onderneming te beëindigen om kunstgeschiedenis te studeren aan de Universiteit Utrecht. Daar rondde zij haar studie af met een master in architectuurgeschiedenis en monumentenzorg. In 2022 promoveerde zij op het proefschrift "Hulde aan onze kranige architecte!' De opkomst van de eerste vrouwelijke architecten van Nederland', dat ook als handelseditie werd uitgegeven. Sindsdien is zij actief als zelfstandig onderzoeker.

ERICA SMEETS-KLOKGIETERS is an independent researcher specializing in architectural history. After a career in the tourism and hospitality industry, she closed her own business to study art history at Utrecht University, where she completed a Master's in Architectural History and Heritage Conservation. In 2022, she earned her PhD with the dissertation 'Compliments to our brave architect!'

Colofon / Credits

Deze publicatie maakt deel uit van het platform Gebouwen door Vrouwen. Bekijk de volledige database van vrouwelijke architecten op GEBOUWENDOORVROUWEN.NL

This publication is part of the Gebouwen door Vrouwen initiative. Explore the full database of female architects at GEBOUWENDOORVROUWEN.NL

Initiatief / Initiative
SOFIE VAN BRUNSCHOT

Tekst / Text
CATJA EDENS
(2 , 4 , 5 , 7 , 8 , 13 , 15 , 19 , 24 , 28 , 38 , 47 , 50 ; essay)

LAURENCE OSTYN
(3 , 6 , 9 , 10 , 11 , 12 , 14 , 17 , 22 , 23 , 26 , 29 , 33 , 35 , 40 , 41 , 42 , 43 , 46 , 49 ; biografiën van de architecten / biographies of the architects)

ERICA SMEETS-KLOKGIETERS
(1 , 16 , 18 , 20 , 21 , 25 , 27 , 30 , 31 , 32 , 34 , 36 , 37 , 39 , 44 , 45 , 48)

Redactie / Editing
SOFIE VAN BRUNSCHOT
SARA DUISTERS
CATJA EDENS
LAURENCE OSTYN

Fotografie / Photograpy
LOES VAN DUIJVENDIJK

Tekstredactie / Copy editing:
SARA DUISTERS

Beeldredactie / Photo editing:
SASKIA VAN DER MEER

Vertaling / Translation:
Billy Nolan

Vormgeving / Design:
SASKIA VAN DER MEER

Druk en lithografie / Printing and lithography:
Graphius

Papier / Paper:
Arena Rough Natural, 100 grs

Lettertype / Typeface:
Neureal (LAURA CSOCSÁN), Jungka (JUNGMYUNG LEE)

Productie / Production:
LAURENCE OSTYN & SARA DUISTERS, nai010 publishers

Uitgever / Publisher:
LAURENCE OSTYN, nai010 publishers

Deze publicatie kwam mede tot stand dankzij een bijdrage van / This publication was made possible, in part, by

creative industries fund NL

JHF Jaap Harten Fonds

droom en daad

Gemeente Rotterdam

J.E. Jurriaanse Stichting

ABE BONNEMA STICHTING

nai010 publishers is an internationally orientated publisher specialized in developing, producing and distributing books in the fields of architecture, urbanism, art and design.
www.nai010.com

nai010 books are available internationally at selected bookstores and from the following distribution partners:
North, Central and South America — Artbook | D.A.P., New York, USA, dap@dapinc.com
Rest of the world — Idea Books, Amsterdam, the Netherlands, idea@ideabooks.nl

For general questions, please contact nai010 publishers directly at sales@nai010.com or visit our website www.nai010.com for further information.

Printed and bound in Belgium

ISBN 9789462089334
NUR 648
BISAC ARC005070 / ARC000000
THEMA AMC / AMV